Rudolf Schwartz

Jahrbuch der Musikbibliothek Peters

Rudolf Schwartz

Jahrbuch der Musikbibliothek Peters

ISBN/EAN: 9783744699396

Hergestellt in Europa, USA, Kanada, Australien, Japan

Cover: Foto ©Thomas Meinert / pixelio.de

Weitere Bücher finden Sie auf **www.hansebooks.com**

Jahrbuch

der

Musikbibliothek Peters

für

1896.

Dritter Jahrgang.

Herausgegeben

von

Emil Vogel.

LEIPZIG
Verlag von C. F. Peters
1897.

INHALT.

Seite

Jahresbericht 5
Emil Vogel, Bach-Portraits 11
Emil Vogel, Händel-Portraits 19
Emil Vogel, Kritische Besprechungen einiger Bücher und Schriften über
    Musik aus dem Jahre 1896 33
Commemorazione della riforma melodrammatica 35
Matthew, James E., The Literature of Music 36
Vollhardt, Reinh., Bibliographie der Musikwerke zu Zwickau . . . 37
Bibliografia delle Cronistorie dei Teatri d'Italia 38
Edwards, F. G., The History of Mendelssohn's „Elijah" 39
Festschrift zur 50jährigen Jubelfeier d. Bestehens d. Firma C. G. Röder 40
Schmidt, Leop., Zur Geschichte der Märchenoper 42
Haberl, F. X., Kirchenmusikalisches Jahrbuch 1896 44
Krome, Ferd., Die Anfänge des musikalischen Journalismus 46
Hermann Kretzschmar, Die für das Konzert bestimmte Komposition
    grossen Stils im Jahre 1896 49
Kleine Mitteilungen:
Max Friedlaender: Mozarts Wiegenlied 69
      —   Gluck und Mozart 72
Emil Vogel: Schicksale der Borghese-Musiksammlung 73
Emil Vogel, Verzeichnis der im Jahre 1896 erschienenen Bücher und
    Schriften über Musik 75

Bibliothek-Ordnung.

1.

Die Bibliothek ist — mit Ausnahme der Sonn- und Feiertage — im Sommersemester täglich von 11—1 und 3—7 Uhr, im Wintersemester von 11—1 und 3—8 Uhr unentgeltlich geöffnet.

Geschlossen bleibt die Bibliothek während des Monats August.

2.

Die Benutzung des Lesezimmers ist, soweit der Raum reicht, Jedem (Herren wie Damen) gestattet.

3.

Die Bücher und Musikalien werden gegen Verlangzettel ausgegeben. Sie dürfen nur im Lesezimmer benutzt werden und sind nach der Benutzung wieder zurückzugeben.

Jahresbericht.

Die Musikbibliothek Peters kann nunmehr auf ein dreijähriges Bestehen zurückblicken. Ihrer im ersten Jahrgange näher dargelegten Aufgabe, vorzugsweise den Interessen modernen Musiklebens, von den Klassikern angefangen, zu dienen, ist sie nach wie vor treu geblieben. Dass aber in der Benutzung des Instituts, namentlich seitens der studierenden Jugend, sich eine allzu entschiedene Bevorzugung neuester Kunstleistung kundgegeben, und zwar auf Kosten derjenigen der Klassiker und Romantiker, muss die Verwaltung zu ihrem Bedauern bestätigen. Erscheint auch jene regere Teilnahme für moderne Schöpfungen durch die eigenartige Strömung in unserm heutigen Konzertwesen und den Charakter unseres gegenwärtigen Opernrepertoires vollauf erklärlich, so wäre doch, schon aus pädagogischen Rücksichten, eine andere Inanspruchnahme der Sammlung wünschenswert gewesen.

Benutzt wurde die Bibliothek 1896 von 3783 Studierenden (1895: 4042), denen 7697 (1895: 7466) Werke verabfolgt wurden, und zwar 4220 (1895: 4529) theoretisch-literarische und 3477 (1895: 2937) praktische. Da die Bibliothek an 270 Tagen geöffnet war, so kommen auf den einzelnen Tag im Durchschnitt 14 (1895: 15) Personen. Hierin sind jedoch diejenigen nicht einbegriffen, welche lediglich der Lektüre der ausliegenden Musikzeitungen und Nachschlagewerke wegen den Lesesaal besuchten. Dass die Nachfrage nach praktischen Musikwerken im Verhältnis zu der nach theoretischen eine grössere geworden ist, entspricht ganz dem Sinne der Stiftung.

Um über die Richtung des gewünschten Lesestoffes eine Übersicht zu gewinnen, hat die Bibliotheksverwaltung auf Grund der von den Besuchern ausgestellten Verlangzettel eine Zählung der entliehenen Werke veranstaltet. Die am Schlusse (Seite 7 ff.) stehende Tabelle giebt darüber einen auszugsweisen Bericht, indem sie die am meisten benutzten Bücher und Musikalien namhaft macht. Es darf jedoch nicht übersehen werden, dass dazu auch noch die im Lesesaale zur freien Benutzung aufgestellten Bücher der Handbibliothek und die ebenfalls zu unbeschränktem Gebrauch einige Zeit lang ausliegenden Werke mit hervorragender bildnerischer Ausstattung (wie u. A. Chamberlains „Richard Wagner") gehören, deren frei verfügbare Benutzung sich der Kontrolle entzieht.

Neu hinzugetreten zu dem alten Bestande sind im vergangenen Jahre etwa 160 Werke, die periodischen, sowie die Fortsetzungen älterer Erscheinungen ungerechnet. Der wichtigste Teil dieses Zuwachses kam der praktischen Musik zu Gute: ausser einigen älteren Anleitungen für Kunstgesang (Bacilly, Bérard), Elers „Cantica sacra" (Hamburgi 1588), einer Anzahl Orchesterpartituren, zwei selteneren Ausgaben von Klavierkompositionen Domenico Scarlattis, des am Schlusse des Jahres erschienenen Klavierauszugs von Bungerts Musik-Tragödie „Odysseus' Heimkehr", wurden, wie in den Vorjahren, besonders die Opernpartituren des modernen Repertoires vermehrt. Es wurden von Auber die Partituren „Der schwarze Domino", „Des Teufels Anteil" und „Maurer und Schlosser" erworben, so dass nunmehr, unter Hinzurechnung des bereits vorhandenen Materials, der sogenannte „eiserne Bestand" an Opern vollständig vorhanden ist. Eine weitere Bereicherung erfuhr diese Abteilung durch die Partituren von Marschners „Hiarne", von Meyerbeers nur als Manuskript gedruckter Musik zu „Struensee", und von Cornelius' „Barbier von Bagdad". An dieser Stelle sei endlich noch die Erwerbung eines Exemplars der Partitur der Erstlingsausgabe von Boieldieus „Die weisse Dame" erwähnt. Auch die bereits bestehende Sammlung der ebenso seltenen, wie für die Kritik wichtigen ersten Ausgaben Beethoven'scher Werke[1]) konnte um eine weitere Anzahl vergrössert werden. Von dem übrigen wertvolleren neuen Studienmaterial sei noch ein Exemplar der nur in 30 Abzügen hergestellten, einseitig bedruckten Reproduktion der Jenaer Liederhandschrift namhaft gemacht.

Die Neuanschaffungen der theoretischen Abteilung, soweit sie sich auf 1896 erschienene Publikationen erstrecken, sind in der am Schlusse dieses Jahrganges enthaltenen Bibliographie durch ein * gekennzeichnet.

Im ersten Jahresberichte ist unserer kleinen Autographen-Kollektion gedacht worden. Obwohl nun die Vermehrung derselben nicht zum Haupt-

---

[1]) Den grösseren Teil dieser Erstlingsausgaben erwarb die Bibliothek durch freundliche Vermittlung des Herrn Dr. Max Friedlaender in Berlin, dem sie für diese wertvolle Unterstützung auch an dieser Stelle ihren wärmsten Dank ausspricht.

interesse der Bibliothek gehört, so konnte sie doch im vergangenen Jahre durch zwei besondere Wertstücke bereichert werden: Die Bibliothek war so glücklich, durch Ankauf der Originalhandschriften von Mozarts Amoll-Rondo für Klavier und desselben Meisters sechs Klavier-Violinsonaten, (No. 1—6 der Peters'schen Ausgabe) ihrer Sammlung weitere Kostbarkeiten zuführen zu können.

Zum Schluss sei die oben erwähnte Übersicht über die 1896 am meisten verlangten Bücher und Musikalien gegeben. Sie umfasst alle diejenigen Werke, die mindestens zehn- oder über zehnmal begehrt worden sind. Die Anzahl der Benutzungen ist in beiden Abteilungen in abwärts steigender Reihenfolge verzeichnet.

Theoretisch-literarische Werke.

Autor	Titel	Zahl der Entleihungen
Nietzsche	Geburt der Tragödie, Wagner-Schriften	51
Hanslick, Ed.	Fünf Jahre Musik	42
Bülow, H. v.	Briefe und Schriften	40
Bulthaupt, H.	Dramaturgie der Oper	37
Hanslick, Ed.	Musikalisches Skizzenbuch	33
Hofmann, Rich.	Praktische Instrumentationslehre	32
Hanslick, Ed.	Aus dem Tagebuche eines Musikers	32
Hanslick, Ed.	Aus dem Opernleben	30
Weingartner, Fel.	Über das Dirigiren	29
Hanslick, Ed.	Die moderne Oper	26
Hanslick, Ed.	Musikalische Stationen	26
Seidl, A. u. W. Klatte	Richard Strauss	24
Ambros, A. W.	Geschichte der Musik	23
	Monatshefte für Musikgeschichte	22
Riemann, H.	Praeludien und Studien	22
Spitta, Phil.	Joh. Seb. Bach	21
Hanslick, Ed.	Musikalisches und Litterarisches	21
Jadassohn, S.	Formen in den Werken der Tonkunst	19
	Vierteljahrsschrift für Musikwissenschaft	19
Wagner, Rich.	Gesammelte Schriften und Dichtungen	18
Piuttí, Carl	Regeln u. Erläuterungen z. Studium d. Musik-Theorie	18
Reinecke, C.	Die Beethoven'schen Klavier-Sonaten	17
Wagner, Rich.	Oper und Drama	16

Autor	Titel	Zahl der Entleihungen
Prosnitz, A.	Compendium der Musikgeschichte	16
Haberl, Fr. X.	Kirchenmusikalisches Jahrbuch	16
Bitter, C. H.	Carl Loewe's Selbstbiographie	16
Gevaert, F. A.	Neue Instrumenten-Lehre	15
Bacilly, B. de-	Remarques curieuses sur l'art de bien chanter	14
Liszt, Fr.	Wagner's Lohengrin und Tannhäuser	13
Berlioz, H.	Instrumentationslehre	13
Wolzogen, H. v.	Führer d. d. Musik zu R. Wagner's Ring d. Nibelungen	13
Lobe, J. C.	Lehrbuch der musikalischen Komposition	13
Aplan-Bennewitz, P. O.	Die Geige	13
Wellek, Br.	Fr. Smetana	12
Tosi, P.	Anleitung zur Singkunst	12
	Musik-Katalog. Gesammelte Verlagskataloge	12
Motta, J. V. da-	Nachtrag zu den Studien bei H. v. Bülow	12
Lobe, J. C.	Fliegende Blätter für Musik	12
Knecht, J. H.	Theoretisch-praktische Generalbasslehre	12
Helmholtz, H.	Die Lehre von den Tonempfindungen	12
Zabel, Eug.	Anton Rubinstein	11
Spitta, Ph.	Musikgeschichtliche Aufsätze	11
Cherubini, L.	Contrapunkt	11
Bussler, L.	Praktische Harmonielehre	11
Ambros, A. W.	Bunte Blätter	11
Spitta, Ph.	Zur Musik	10
Rühlmann, Jul.	Geschichte der Bogeninstrumente	10
Billroth, Th.	Wer ist musikalisch	10
Dommer, A. v.	Handbuch der Musikgeschichte	10
Hanslick, Ed.	Aus dem Concertsaal	10
Jahn, O.	W. A. Mozart	10
Riemann, H.	Klavierschule	10

Praktische Werke.

Komponist	Titel	Zahl der Entleihungen
Strauss, Rich.	Till Eulenspiegels lustige Streiche, Partitur	33
Bizet, G.	Carmen, Partitur	25
Wagner, Rich.	Rheingold, Partitur	24
Kienzl, W.	Der Evangelimann, Klavier-Auszug	23
Bizet, G.	Carmen, Klavier-Auszug	23

JAHRESBERICHT.

Komponist	Titel	Zahl der Entleihungen
Wagner, Rich.	Walküre, Klavier-Auszug	22
Wagner, Rich.	Walküre, Partitur	20
Wagner, Rich.	Tristan und Isolde, Partitur	19
Erk u. Böhme, F. M.	Deutscher Liederhort	19
Wagner, Rich.	Meistersinger, Partitur	18
Strauss, Rich.	Guntram, Partitur	18
Berlioz, H.	Symphonie fantastique, Partitur	16
Goldmark, C.	Heimchen am Herd, Klavier-Auszug	16
Strauss, Rich.	Don Juan, Partitur	15
Händel, G. F.	Deborah, Partitur	15
Humperdinck, E.	Hänsel und Gretel, Klavier-Auszug	14
Bach, Joh. Seb.	Weihnachts-Oratorium, Partitur	14
Bach-Franz, Rob.	Weihnachts-Oratorium, Partitur	14
Strauss, Rich.	Aus Italien, Partitur	13
Böhme, Fr. M.	Volksthümliche Lieder der Deutschen	13
Wagner, Rich.	Tristan und Isolde, Klavier-Auszug	13
Verdi, G.	Rigoletto, Klavier-Auszug	12
Strauss, Rich.	Guntram, Klavier-Auszug	12
Reznicek, E. N. v.	Ouverture Donna Diana, Partitur	12
Reznicek, E. N. v.	Donna Diana, Klavier-Auszug	12
Brahms, Joh.	I. Symphonie, Partitur	12
Lortzing, Alb.	Undine, Klavier-Auszug	11
Brahms, Joh.	II. Symphonie, Partitur	11
Brahms, Joh.	IV. Symphonie, Partitur	11
Beethoven, L. v.	5. Klavier-Konzert in Es, Partitur	11
Wagner, Rich.	Kaisermarsch, Partitur	10
Wagner, Rich.	Der fliegende Holländer, Partitur	10
Wagner, Rich.	Götterdämmerung, Partitur	10
Tschaikowsky, P.	Symphonie pathétique, Partitur	10
Liszt, Fr.	Faust-Symphonie, Partitur	10
Lortzing, Alb.	Czar und Zimmermann, Klavier-Auszug	10
Erk u. Irmer	Die deutschen Volkslieder	10

Leipzig, im Februar 1897.

C. F. Peters.   Dr. Emil Vogel.

Bibliothekar.

Bach-Portraits.

Von

Emil Vogel.

Im Anschluss an das im vorigen Jahrgange reproducierte Bachbild der Musikbibliothek Peters und an den ebendort (am Ende des einleitenden Berichts) gegebenen kurzen Hinweis auf die Geschichte dieses Ölgemäldes sei hier das Bach betreffende Portraitmaterial vollständig zusammengestellt. Am angeführten Orte wurde bereits erwähnt, dass die äussere Erscheinung des Altmeisters neuerlich zum Gegenstande eingehender Untersuchungen gemacht worden und zwar aus Anlass der gelegentlich des Abbruchs der hiesigen alten Johannis-Kirche vorgenommenen Forschungen nach Bachs Überresten[1]). Die Resultate jener Studien, wenigstens soweit sie sich auf die Bachbilder beziehen, dürfen wir als abgeschlossen betrachten; jedenfalls werden sie selbst durch neuere Funde nicht wesentlich verändert werden. Die folgende Übersicht beschränkt sich daher darauf, jenen Ergebnissen der Hauptsache nach zu folgen.

Bach war von mittelgrosser, wohlgebauter und kräftiger Gestalt. In seinem vollen Gesicht lag ein energischer Ausdruck, der einen Zug von Strenge und Herbheit bekundete und auf eine feste, unbeugsame Charakteranlage schliessen liess. Die ganze Erscheinung war achtunggebietend und würdevoll, dabei jedoch auch nicht frei von einer gewissen behäbigen Gutmütigkeit. Das Haupt, das der Sitte damaliger Zeit gemäss für gewöhnlich mit einer weissen Perrücke bedeckt war, wies eine bedeutende, doch sogenannte fliehende Stirn auf. Die Augen erschienen ihrer engen Lidspalten wegen nur klein aber äusserst lebhaft. Darüber standen starke, dichte Augenbrauen. Die bedeutende Stirn fand ihre entsprechende Fortsetzung in einer unter einem starken Stirnwulst kräftig hervortretenden Nase. Ein besonderes Merkmal wies aber die untere Gesichtshälfte durch Hervortreten des Unterkiefers gegen den Oberkiefer auf.

---

[1]) Man vergleiche den Bericht an den Rat der Stadt Leipzig von Prof. Wilh. His: Joh. Seb. Bach. Forschungen über dessen Grabstätte, Gebeine und Antlitz (Leipzig 1895), sowie desselben Autors Anatomische Forschungen über Joh. Seb. Bachs Gebeine und Antlitz nebst Bemerkungen über dessen Bilder (Abhandlungen der mathem.-phys. Klasse der Königl. Sächs. Gesellsch. d. Wissenschaften, Bd. XXII [XXXVII], Leipzig 1895).

Als Ölbilder Bachs werden nur vier genannt. Zwei davon befinden sich in Leipzig, während das dritte, ehemals im Besitze des Organisten Johann Christian Kittel in Erfurt, verloren scheint und das vierte, das der Amalien-Bibliothek des Joachimsthal'schen Gymnasiums in Berlin gehört, erst nach Bachs Tode gemalt worden ist.

Das verschollene Erfurter Bild soll nach Gerbers Versicherung (Neues Lexikon der Tonkünstler, 4. Teil, Leipzig 1814, Sp. 735) 1798 aus Langensalza „vielleicht aus der Verlassenschaft der Herzogin von Weissenfels" an Kittel gelangt sein. Letzterer bestimmte, dass nach seinem Tode das Bild der Predigerkirche in Erfurt überwiesen werden möchte. Der Wille Kittels († 1809) ist wirklich ausgeführt worden, dann aber verliert sich jede Spur des Bildes, und alle Nachforschungen nach demselben sind bisher vergeblich gewesen. Sein Verlust ist wahrscheinlich den Wirren während der napoleonischen Kriegszeit, in der die Kirche als Lazaret diente, zuzuschreiben.

Das eine der beiden Leipziger Bilder besitzt die Musikbibliothek Peters, das andere die Thomasschule. Angeblich sind beide von Hausmann (Haussmann) gemalt. Die auffallende Verschiedenheit ihrer technischen Behandlungsweise, wie sie sich wenigstens bei dem gegenwärtigen Zustande der Bilder kund giebt, scheint aber darauf hinzuweisen, dass sie nicht von einem und demselben Hausmann herrühren.¹) Aus einer Notiz Gerbers über den Kütner'schen Stich schliessend (in der ersten Auflage seines Lexikon, Leipzig 1790: Anhang, Seite 4) ist das Petersbild von E. C. (E. G. ?) Hausmann gemalt worden. Für das Thomasschulbild konnte eine solche nähere Angabe bezüglich des Malers nicht ermittelt werden. Das Ölgemälde der Musikbibliothek Peters, ein Brustbild nach links, ist leider, ebensowie das der Thomasschule, von ungeschickter Hand übermalt worden. Bei ersterem erscheinen die ganze linke Gesichtshälfte und der Mund verzeichnet, während beim letzterem, das nachweislich wiederholt restauriert worden ist, die Stirn, Nase und rechte Mundpartie gelitten haben. Das Thomasbild giebt Bach bis zur Hüfte wieder, der Kopf ist nach rechts gerichtet und in der Hand hält der Meister ein musikalisches Kunststück, einen Canon triplex a 6 voc.²), den er zum Auflösen dem Beschauer vorhält.

Über die Herkunft des Ölgemäldes der Musikbibliothek Peters berichteten wir schon im vorigen Jahrgange. Es befand sich in der Bildersammlung Carl Philipp Emanuel Bachs und wurde 1790 in dem von der

---

¹) Nagler erwähnt in seinem Künstler-Lexikon einen Elias Hausmann, der in der ersten Hälfte des 18. Jahrhunderts arbeitete, und dessen Sohn Elias Gottlob († 1778).

²) Die Schlüssel der Ober- und Mittelstimme sind dort falsch angebracht worden. Eine Auflösung des Rätsels findet sich in Hilgenfeldts Bach-Biographie, Notenbeilage No. 3, desgl. in der „Neuen Zeitschrift für Musik", Bd. 13 (1840), No. 43.

Wittwe desselben herausgegebenen Nachlasskataloge mit genauer Massangabe angezeigt.[1]) Während nun der wertvollere Teil der nachgelassenen Originalhandschriften und sonstigen Musikalien bald verkauft wurde (namentlich an den Musiklehrer Pölchau in Hamburg) fand die Bildersammlung wenig kauflustige Interessenten, so dass sie laut einer Nachricht Gerbers (l. c. II, Sp. 200), noch 1797 unverkauft beisammen war. Dann aber begann die Wittwe Philipp Emanuels die Stücke einzeln zu veräussern. Nach ihrem 1795 erfolgten Tode war von ihren drei Kindern nur noch die einzige Tochter, Anna Carolina Philippina, am Leben,[2]) also die alleinige Erbin des Nachlasses. Bei der Todesanzeige ihrer Mutter (im Hamburger Correspondent 1795, No. 122) fügte sie die Notiz hinzu: „Der bisher von meiner seligen Mutter geführte Handel mit den Musikalien meines seligen Vaters und Grossvaters wird inskünftige von mir mit der äussersten Aufmerksamkeit fortgesetzt werden." Diese Enkelin von Johann Sebastian, die übrigens um die Wende des Jahrhunderts die einzige Repräsentantin dieses Verwandtschaftsgrades war, verkaufte das Hausmann'sche Portrait ihres Grossvaters um 1828 an den Leipziger Flötenvirtuos und Inspektor des dortigen Konservatoriums Carl Grenser. Von dem Sohne des Letzteren, Alfred Grenser, ging das Bild durch Kauf im Mai 1886 an die Firma Peters über.

Das Buchbild der Thomasschule soll dieser Anstalt von ihrem ehemaligen Kantor August Eberhard Müller im Jahre 1809 geschenkt worden sein, als dieser nach Weimar übersiedelte. Wie aus einem darnach gestochenen Kupfer mit der Jahreszahl 1802 hervorgeht, muss es aber mindestens schon 7 Jahre vorher der Schule (leihweise?) überlassen worden sein, und zwar vermutlich schon 1800, als Müller zur Unterstützung des alternden Joh. Adam Hiller in's Kantorat berufen wurde. Allem Anscheine nach ist das Bild dasselbe, das vordem Johann Friedrich Reichardt besass und in dessen „Musikalischem Wochenblatt" (Berlin 1792, No. VII, S. 54) kurz angeführt worden ist, vielleicht ist es aber auch identisch mit dem von Bach der „Societät der musikalischen Wissenschaften in Deutschland" bei seinem Eintritt übergebenen Portrait. In diese Gesellschaft, die 1738 von Lorenz Mizler in Leipzig gegründet worden, hatte sich Bach im Juni 1747 als Mitglied aufnehmen lassen. Er hatte sich damit zugleich verpflichtet, die Satzungen der

---

[1]) Seite 95 im „Verzeichnis des musikalischen Nachlasses des verstorbenen Kapellmeisters Carl Philipp Emanuel Bach" (Hamburg 1790) heisst es: Bach (Johann Sebastian), Kapellmeister und Musik-Direktor in Leipzig. In Oel gemahlt von Hausmann. 2 Fuss 8 Zoll hoch, 2 Fuss 2 Zoll breit. In goldenen Rahmen.

[2]) Von den beiden Söhnen starb der jüngere, der nach seinem Grossvater Johann Sebastian hiess, schon 1778 in Rom, wo er sich zu seiner Ausbildung als Maler aufgehalten. Der zweite Sohn, Johann August, beschloss sein Leben 1789, wenige Monate nach dem Tode seines Vaters († Dezember 1788).

Gesellschaft[1]) zu befolgen, die geforderten Proben seiner Kunst einzureichen, sowie auch die übrigen Formalitäten zu erfüllen. Bach lieferte die canonischen Veränderungen über den Choral „Vom Himmel hoch, da komm ich her" und den im Thomasbilde wiedergegebenen *Canon triplex a 6 voc.* Nach § 21 der Statuten hatte er aber noch „sein Bildnis, gut auf Leinwand gemalet", der Bibliothek der Gesellschaft einzuschicken. Mit dem Bilde der Thomasschule soll nun Bach auch dieser Bestimmung genügt haben. Nach Auflösung der Societät im Jahre 1755 wurden Bibliothek und sonstige Besitztümer derselben zerstreut. Von der ganzen Sammlung kommt erst nach mehr als 30 Jahren, die Richtigkeit der angenommenen Identität vorausgesetzt, das Bachbild durch Reichardt wieder zum Vorschein.

Das vierte der Ölbilder, das des Joachimsthal'schen Gymnasiums zu Berlin, ist erst 1772, also 22 Jahre nach dem Ableben Bachs, von Christ. Friedr. Reinh. Liszewsky[2]) gemalt worden. Hat es sonach nicht die Bedeutung eines Originalportraits, so ist es doch dadurch wichtig, dass seine Vorlage ganz unabhängig von den beiden Leipziger Bildern gewesen sein muss. Bach, mit einer kurzen Perrücke bedeckt, sitzt in einem mit Pelz besetzten Hausrocke an seinem Schreibtische. Der linke untere Arm und die ganze Hand ruhen auf einem Manuskript, auf welchem man den bekannten *Canon triplex* erkennt. Ein anderes Notenblatt hält er in der Hand und weitere handschriftliche Musikalien befinden sich zur Linken. Bach scheint eben die Niederschrift eines Musikstückes beendigt zu haben, denn man erblickt Kielfeder und Tintenfass. Zu seiner Rechten ist ein Teil seines Klaviers sichtbar. Das Gesicht zeigt auch hier die schon erwähnten auffallenden Merkmale. Ehemals in der Sammlung von Musikerportraits der Prinzessin Anna Amalie, der Schwester Friedrichs des Grossen, befindlich, wurde das Bild nach dem im Jahre 1787 erfolgten Tode der Prinzessin mit den übrigen die Musik betreffenden Schätzen derselben der Bibliothek des Berliner Joachimsthal'schen Gymnasiums überwiesen. Soweit bekannt, ist es bisher noch nicht vervielfältigt worden,[3]) Dank einem freundlichen Entgegenkommen der Verwaltung der Gymnasialbibliothek wurde es aber der Musikbibliothek Peters soeben verstattet, eine photographische Nachbildung des Gemäldes anfertigen zu lassen.

Abgesehen von einigen willkürlichen oder schlechten Wiedergaben[4]), die

---

[1]) Vergl. Mizlers neu eröffnete musikalische Bibliothek, 1. Bd., 4. Teil, Seite 73 (Leipzig 1738) und die revidierte Ordnung im selben Werke Bd. 3, Teil 2, Seite 346 ff. (Leipzig 1746).

[2]) Nach Hilgenfeldt (l. c. Seite 169) ist das Bild „wahrscheinlich von Geber gemalt".

[3]) Die Behauptung Hilgenfeldts (l. c. Seite 170), ein Bollinger'sches Kupfer in Duodezformat sei nach dem Joachimsthaler Gemälde angefertigt worden, hat sich als unrichtig erwiesen.

[4]) Wie die Lithographie von Gruson, der Stich von Henschke, der anonyme Steindruck in Siebigkes Museum, die Steindrucke von Rud. Hoffmann (Paterno), Langlumé, Hauer etc.

hier ausser Betracht bleiben, sind sämtliche Bach darstellenden Kupferstiche, Steindrucke und Stahlstiche in drei Klassen einzuteilen. Zu der Einen gehören diejenigen, die nach dem Bilde der Musikbibliothek Peters direkt oder indirekt hergestellt oder doch von ihm beeinflusst worden sind, zu der Andern diejenigen, die sich an eine, uns unbekannte Vorlage (vielleicht das Erfurter Bild) anlehnen und endlich zur Dritten solche, die dem Ölgemälde der Thomasschule nachgezeichnet, resp. auf diese Quelle zurückzuführen sind.

Die früheste Nachbildung des Peters'schen Ölgemäldes, zugleich die überhaupt älteste Nachbildung, lieferte 1774 der Kupferstecher Kütner[1]) (nach Nagler: Küttner) in Leipzig und darnach, mit einigen Vereinfachungen, Nettling. Des Letzteren Stich erschien 1802 in der ersten Auflage von Forkel's Bach-Biographie bei Hoffmeister & Kühnel in Leipzig. Für die weiteren hierhergehörigen Nachbildungen wurde fast in allen Fällen die durch Nettling gegebene Vorlage benutzt. Wir finden sie aber zumeist als verschlechterte und vergröberte, wenn nicht geradezu entstellte Reproduktionen wieder: So im Stiche von Leybold (bei Artaria in Wien), in den Steindrucken von Wintter (1816), Thümeck in Leipzig und Waldow (1851).

Eine gesonderte Stellung beansprucht ein anonymer (doch von Bollinger gearbeiteter) kleiner Stich, der als Titelkupfer für den ersten Jahrgang (1799) der „Allgem. Musikal. Zeitung" Verwendung gefunden hat. In seiner Anlage scheint er durchaus unabhängig von den beiden Leipziger Bildern, sowie auch von dem des Joachimsthal'schen Gymnasiums zu sein, er steht jedoch dem Thomasschulbilde am nächsten. Vielleicht handelt es sich hier um eine Reproduktion des Erfurter Gemäldes, das kurze Zeit vor der Herstellung des Stiches in Kittel's Besitz gekommen war. Der anonyme Stich wurde übrigens später kopiert für die Kupfer von Gebel in Leipzig und diejenigen von Esslinger in Nürnberg (1839, im 27. Neujahrsstück der allgemeinen Musik-Gesellschaft in Zürich).

Die älteste Reproduktion des Ölgemäldes der Thomana liegt in einem Stich von Bollinger aus dem Jahre 1802 vor, der bei Breitkopf & Härtel in Leipzig erschienen, heute ziemlich selten geworden ist und sich, soweit mir bekannt, in öffentlichen Sammlungen nur noch in je einem Exemplar in den Kgl. Kupferstich-Kabineten zu Berlin und Dresden[2]) findet. Er ist besonders deswegen wichtig, weil er den überzeugendsten Nachweis von der ursprünglichen Beschaffenheit seiner Vorlage liefert. Vor Allem stellt er die richtige Form der Bach'schen Nase fest, er beweist, wie unglücklich und verkehrt die Übermalung des Originals vorgenommen worden und deckt

---

[1]) Ein Exemplar des selten gewordenen Originalstiches bewahrt die Musikbibliothek Peters. Eine Reproduktion erschien als Titelbild im 1. Bande der 2. Auflage von Bitter's Joh. Seb. Bach (Berlin 1881).

[2]) Eine photographische Nachbildung dieses Stiches verdankt die Musikbibliothek Peters der Güte des Königl. Kupferstich-Kabinetts zu Dresden.

damit zugleich alle sich hierauf beziehende gegenteilige Ansichten als Irrtümer auf. Eine weitere Vervielfältigung des Bildes wurde erst nach fast vier Jahrzehnten durch eine Lithographie von Schlick veranstaltet. Sie kam zum Verkauf zuerst 1840 (laut eigner Angabe) und darauf 1857 in zweiter Auflage. Eine gleichfalls direkte Nachbildung erfuhr das Gemälde 1851 durch das in Leipzig verlegte Kupfer von Sichling und wahrscheinlich auch durch den ebendort gefertigten Stahlstich von Weger.

Die eingangs erwähnten Forschungen nach Bach's Überresten haben nicht nur das Interesse für des Altmeisters äussere Erscheinung von neuem angeregt, sie sind auch Veranlassung geworden zur Herstellung einer Büste, in der, unter Zugrundelegung des aufgefundenen Bach'schen Schädels, die charakteristischen Wesenheiten und gemeinsamen Züge der einzelnen authentischen Vorlagen zu einem Gesamtbilde vereinigt worden sind. Diese Büste, die von der Hand eines Leipziger Künstlers, Karl Seffner's, ausgeführt ist und sich in vortrefflicher Heliogravüre in dem citierten His'schen Berichte findet, darf als eine bedeutende und überzeugende Darstellung der Persönlichkeit Bach's gelten.

Händel-Portraits.

Von

Emil Vogel.

Eine genaue Vorstellung von Händels äusserer Erscheinung wird uns ermöglicht durch eine ganze Reihe authentischer, den verschiedenen Phasen seines Lebens angehöriger Bilder. Wiewohl nun, ausser diesen nach dem Leben aufgenommenen Portraits, noch zahlreiche treffliche Reproduktionen vorliegen, so sind doch auch durch falsch angewandte technische Freiheiten, Eigenmächtigkeiten und Fahrlässigkeiten viele minderwertige Arbeiten entstanden, ganz abgesehen von solchen, die nach willkürlich entworfenen Zeichnungen angefertigt worden sind.[1]) Angesichts dieser Verirrungen erscheint eine Übersicht über das vorhandene zuverlässige Bildermaterial nicht unangebracht. Bevor wir aber diesem selbst nähertreten, seien einige für Händels Äussere besonders charakteristische Momente hervorgehoben.

Händels Gliederbau war stark und kräftig. Seine grosse, breitschultrige Gestalt bot eine imposante Erscheinung, die durch ein gewisses selbstbewusstes Auftreten noch mehr gehoben wurde. Im gereifteren Alter stellte sich bei ihm eine mit den Jahren immer mehr zunehmende Korpulenz ein, die seiner ganzen Erscheinung eine gewisse Behäbigkeit und Schwerfälligkeit verlieh und seine Gegner öfters zu Witzen in Wort und Bild veranlasste. Obwohl in seinem gewöhnlichen Aussehen etwas Herbes lag, so entbehrte sein Ausdruck doch nicht der Sanftmut und Gutmütigkeit. Sein Lächeln aber soll, nach Burneys Zeugnis, an den Eindruck erinnert haben, den die Sonne ausübt, wenn sie aus schwarzen Wolken plötzlich hervorbricht. Händel war auch ein gern gesehener Gesellschafter und ein Freund anregenden Verkehrs. Im vertrauten Umgange offenbarte sich nicht selten seine gemütvolle Naturanlage und seine Aufgelegtheit zum feinen, wiewohl oft auch sarkastischen Humor. Der Sitte seiner Zeit gemäss trug er für gewöhnlich eine grosse weisse Perrücke. Sein Kopf zeigte schöne, fein markierte Linien und aus den grossen, weit geöffneten glanzvollen Augen sprach ein kühner, fester und edler Charakter. Starke Augenbrauen, eine hohe, schön gewölbte Stirn, eine kräftige, doch wohl proportionierte Nase und ein fein geschwungener Mund vervollständigten endlich das Bild eines ebenso geist- wie temperamentvollen Mannes.

---

[1]) In diese Kategorie gehören z. B. die Stiche von Sigm. Ferd. v. Perger, Jos. Kowatsch, sowie die Lithographien von Jab nach einer Zeichnung von Hamann u. s. w.

I.
Bilder.

Für Werke der bildenden Kunst bewies Händel fast sein ganzes Leben hindurch lebhaftes Interesse. Angeregt wohl schon durch seinen ersten, nahezu vierjährigen Aufenthalt in Italien (vom Herbst 1706 bis um die Mitte des Jahres 1710) zeigte er dafür später, besonders nachdem er zu Vermögen gelangt, eine solche Vorliebe, dass er nur selten bei Bilderversteigerungen und -Verkäufen gefehlt haben soll. Dem entspricht auch die, wie wir gleich sehen werden, oft bekundete Neigung, sich von Künstlern, deren Arbeiten zur Zeit begehrt gewesen, portraitieren zu lassen. Dieser Neigung nun verdanken wir den Bestand einer Reihe von Bildern, die in gewissen Intervallen Händels äussere Erscheinung von seinen Jugendjahren bis in sein spätes Alter wiedergeben.

Das älteste bisher bekannte Bild vergegenwärtigt uns Händel etwa im 26. Lebensjahre, stammt also aus seinem frühesten Londoner Aufenthalt, ungefähr aus dem Jahre 1711. In einem in Emaille von Christian Friedrich Zink ausgeführten Miniaturportrait zeigt es den jugendlichen Händel (Bruststück oval, nach links schauend) schon mit allen Merkmalen seines oben geschilderten Gesichtsausdruckes. Augen und Mund sind von auffallender Schönheit; den Kopf schmückt eine weisse Perrücke. Zink (nicht Zincke) war nach Naglers Künstlerlexikon in Dresden, im selben Jahre wie Händel geboren und seit 1706 in London thätig. Eine Reproduktion seiner Arbeit enthält Seite 6 der im Dezember 1893 ausgegebenen Händel-Nummer der *Musical Times* (London, Novello), wo aber die Zeit der Herstellung unrichtig in die des Hamburger Aufenthaltes Händels verlegt worden ist. Dem Original, welches jetzt im Besitze des Sammlers H. Barrett Lennard in London, fehlt leider die Angabe einer Jahreszahl.

Die nächste in Betracht kommende Darstellung ist ein Ölgemälde etwa aus dem 35. Lebensjahre Händels. Es wurde von James Thornhill (vermutlich 1720) für den Herzog James von Chandos gemalt, als Händel sich in Cannons, etwa zwei deutsche Meilen von London, im Dienste des Herzogs aufhielt. Das Bild (Kniestück) zeigt den Meister an einem Tasteninstrument (von dem nur die Klaviatur sichtbar) sitzend, mit einem grünen Sammetanzuge bekleidet. Der Kopf, der leicht nach rechts neigt, ist statt der Perrücke mit einer carmoisinroten Sammetmütze bedeckt und trägt äusserst lebhafte Züge. Am Handgelenk, ebenso vor der Brust, sind feine Tullkrausen sichtbar. Die Hände sind vorgestreckt, als wollten sie eben die Tasten niederdrücken. Das Ganze lässt sofort auf eine grosse und noch schlanke Figur schliessen. Die soweit mir bekannt, bis jetzt einzige Wiedergabe des Bildes enthält die oben citierte Händelnummer auf Seite 23. Das Original, viele Jahre dem Componisten John Lodge Ellerton († 1873) gehörig, befindet sich seit 1875 im Fitzwilliam-Museum zu Cambridge.

Der zeitlichen Ordnung gemäss wäre nun ein Gemälde von William Hogarth (1697—1764) in Betracht zu ziehen. Leider kennen wir dasselbe nur in den darnach ausgeführten Reproduktionen von Charles Turner (1821) und C. D. Read. Das Original selbst scheint verloren. In dem mir vorliegenden Mezzotinto von Turner steht Händel (Kniestück) vor dem hohen Sockel einer Säule, in der Rechten ein Musikmannskript haltend. Von der dem Beschauer zugewandten Körperhälfte ist ein weiter Mantel herabgefallen und damit ein Teil seiner Figur freigelegt worden. Der Kopf trägt ein Barett, das soweit hinaufgeschoben ist, dass beinahe die volle Stirn sichtbar wird. Wenn nun auch unzweifelhaft einige Händel eigene Züge hier vorhanden sind, so darf doch nicht verschwiegen werden, dass der Ausdruck, namentlich der Nasen- und Kinnpartie, manches Abweichendes von gut beglaubigten Bildern aufweist. Ob nun diese Veränderungen auf Rechnung von Hogarth oder der nach dem Gemälde desselben arbeitenden Kupferstecher zu setzen sind, entzieht sich so lange der Entscheidung, als das Original unerreichbar bleibt.

Die Reihe der Händelbilder findet ihre weitere Fortsetzung in einem Ölgemälde (Brustsstück) von Balthasar Denner (1685—1742). Das Werk, im Jahre 1727 oder 1728 in London gemalt, ist eine vortreffliche Detailarbeit, deren Farbengebung durch ausserordentliche Klarheit besticht. Das Ganze aber giebt die Gewaltigkeit Händels nicht markant genug wieder, weil eben durch die feine und fleissige Behandlung im einzelnen die Züge rund und weich geworden sind. Nach diesem Ölbilde, das übrigens wieder die übliche Perrücke aufweist, publizierte 1799 die Londoner Druckerfirma Bulmer & Co. einen von E. Harding besorgten Kupferstich in William Coxes *Anecdotes of George Frederick Händel and John Christopher Smith*. In der Vorrede dieses Buches findet sich die unrichtige Bemerkung, dass das Original erst aus den Jahren 1736 oder 1737 herrühre — eine Angabe, die von dem Lebensgange des Künstlers widerlegt wird: Der berühmte, aus Hamburg gebürtige Portraitmaler hielt sich zwar zu wiederholten Malen längere oder kürzere Zeit in London auf, zuerst 1715, dann wieder 1721, zuletzt aber 1727 bis 1728. Seitdem betrat er, da er das Londoner Klima nicht vertragen konnte, niemals wieder den englischen Boden. Händel schenkte das Original seinem Amanuensis Joh. Christoph Schmidt, dem Jüngeren, und dieser hinterliess es seinem Schwiegersohn, dem Reverend William Coxe. Im Januar 1857 erwarb es die *Sacred Harmonic Society* und, seit Auflösung der Gesellschaft im Jahre 1883, Alfred Littleton in London.

Eine auf Pergament in vorzüglicher Feinheit mit Schwarzstift und Sepia lebendig ausgeführte Miniature (in Oval, halbe Figur) von Georg Andreas Wolffgang nimmt in der chronologischen Folge der Händelbilder den nächsten

Platz ein. (Man vergleiche die beim Titel befindliche Reproduktion.) Ein hinter der Zeichnung liegendes Holzblättchen enthält in alter Schrift „Georg Friderie Hendel. G. A. Wolffgang. Pinx. London 1737." Das Bild stammt aus einer sehr traurigen Lebensperiode Händels. Im Frühjahr 1737 hatte ihn ein Schlag gelähmt und seine Gesundheit stark angegriffen. Dazu kam noch im Juni desselben Jahres der Bankerott des seiner Leitung unterstellten Opernunternehmens, bei dem er an 10,000 Pfund Sterling verloren hatte. Gleichwie nun Händel unter dem Drucke widriger äusserer Schicksalsschläge ungebeugt geblieben und selbst in seinem künstlerischen Schaffen nicht die kleinste Einbusse erlitten, so zeigt sich auch in dem Wolffgang-Bilde nicht der geringste Anhalt irgend einer Erschütterung des willensstarken Mannes. Das Bild vergegenwärtigt uns Händel in der ganzen imponierenden Schönheit seiner Persönlichkeit. In der Ausführung ungemein zart gehalten und idealisiert, hat es doch einen natürlichen, lebenswahren Ausdruck beibehalten. Es wurde vom Portraitmaler Joh. Heinr. Schröder (1757—1812) in London erworben und gelangte 1866 von einem Anverwandten Schröders in den Besitz des Postdirektors Dreysigacker in Meiningen und von diesem 1886 an die Firma Peters. Ein Seitenstück des Wolffgangschen Bildes soll sich in London in der Sammlung William Snoxells befunden haben. Es wurde noch 1879 im ersten Bande (S. 656) von Groves *Dictionary of Music and Musicians* citiert, scheint aber seit der im Juli 1879 stattgefundenen Versteigerung des Snoxellschen Nachlasses verschollen. Nach unserm Originalbilde stach, unter strenger Innehaltung aller in der Vorlage gegebenen Details, Joh. Georg Wolffgang, ein älterer, in Berlin wirkender Vetter des Malers, in Kupfer zwei Ausgaben, die Eine mit der Unterschrift „Georg Friderie Hendel"[1]), die Andere mit „George Frederick Handel"[2]). (Angeführt in Naglers *Künstlerlexikon*, Bd. XXII, S. 65.) Das eigentliche Bild aber ist in beiden Ausgaben das gleiche. Der Stich, der übrigens als ein hervorragendes Zeugnis der Kunstfertigkeit seines Autors angesehen werden darf, kennzeichnet die Vorlage mit überraschender Treue und Lebendigkeit.

Ein kleines Ölgemälde, gezeichnet „F. Kyte, 1742", führt uns Händel in seinem 58. Lebensjahre vor. Das Bild (Bruststück) charakterisiert sich durch ziemlich scharf markierte Gesichtszüge. Händel trägt die übliche Perrücke. Sein Kleid zeigt reichen Bordenbesatz, der, die ganze vordere Seite bedeckend und um den Hals sich fortsetzend, in einem kunstvoll verschlungenen Muster sich hinzieht. Die ersten Stiche darnach fertigte Jakob Houbraken in Amsterdam. Sie erschienen zu wiederholten Malen in den Partituren, die der Verleger W. Randall, der Nachfolger J. Walsh', von Händelschen Werken herausgab. Sie dürfen übrigens, trotz ihrer den Ausdruck etwas störenden

---

[1]) Ein Exemplar dieser Ausgabe liegt im königl. Kupferstichkabinett zu Berlin.
[2]) Vorhanden in der ehemaligen Sammlung von Aloys Fuchs, jetzt in der Musikabteilung der königl. Bibliothek in Berlin, ebenso auch im königl. Kupferstichkabinett zu Dresden.

Härten — woran schon Hawkins Anstoss nahm (*History:* V, 413) — zu den besseren Nachbildungen Händels gerechnet werden. Einen ähnlichen Rang nimmt auch die überaus seltene, fein ausgeführte Wiedergabe von Georg Friedrich Schmidt[1] ein. Der Letztere arbeitete den Händelstich in Paris, wahrscheinlich nicht nach dem Kyte'schen Original, sondern nach Houbraken. Er milderte aber die Gesichtszüge und brachte sonst auch noch, in freilich nebensächlichen Begleiterscheinungen, eine Menge von freien Erfindungen an. So veränderte Schmidt die ganze Situation: Händel erscheint an einem offenen Fenster sitzend mit veränderter Perrücke. Über dem Hofkleide ist ein leichter Mantel sichtbar. Rechts unter dem Bilde bemerkt man den Anfang eines Musikstückes, nämlich des Allegro (2. Satz) der Orgelstimme des ersten Händel-schen Orgelconcerts, das 1738 als Opus 4 bei J. Walsh erschienen ist. (In Chrysanders Gesamt-Ausgabe Lieferung XXVIII, S. 7.) Nach dem Stiche von Schmidt liess Hawkins für sein grosses Geschichtswerk (V, 262) eine Reproduktion von C. Grignon anfertigen und bemerkte gelegentlich (V, 413), dass nach seiner Meinung in dem Originalgemälde (also in dem von Francis Kyte) die meiste Ähnlichkeit erreicht sei. Der Stich Schmidts ist endlich noch die Vorlage für das Kupfer von Wilh. Angus gewesen, sowie für die Steindrucke von Schertl und diese wieder für die Lithographien von H. Delius. Nach Houbrakens Händel copierte im Jahre 1820 Ernst Ludwig Riepenhausen. Leider sind die Augenpartien stark verzeichnet und das Bild daher nicht einwandsfrei. Das Kyte'sche Original galt lange Zeit für verloren; erst 1824 wurde es in einer Londoner Gemäldehandlung von Keith Milnes entdeckt und von diesem erworben. Milnes unterzog das Bild einer eingehenden Prüfung und liess nach seinen Angaben von Fred. Carl Lewis (1828) Kupferstiche herstellen. Das Resultat seiner Untersuchungen veröffentlichte er in einer kleinen Schrift unter dem Titel *Memoir relating to the Portrait of Handel by Francis Kyte, London 1829.* Später gelangte das Bild in den Besitz Julian Marshalls und nach dessen Tode in den von W. H. Cummings in London, der dasselbe noch heute bewahrt.

Ein kleines Ölbild von Grafoni veranschaulicht uns den etwa 60 jährigen Händel. Dasselbe, nur den Kopf darstellend, kommt den Gesichtszügen der weiter unten näher zu beschreibenden Büste (mit der Mütze) von Roubiliac nahe, ist auch dem Stich von Houbraken ähnlich, sowie auch dem gleich anzuführenden Hudson-Typus in Gopsall, nur dass es jünger als das zuletzt genannte Bild erscheint. Ehemals dem Komponisten von *King's Chapel*, William Boyce († 1779) gehörig, befindet es sich jetzt, seit 1870, im Fitz-

---

[1] Bei Wessely, *Kritische Verzeichnisse von Werken hervorragender Kupferstecher, I: Georg Fr. Schmidt* (Hamburg 1887) wird das Werk unter No. 48 citiert mit der Angabe, dass es in einer Auktion bei Weigel 100 Thaler, bei Körner 251 Mark erzielt habe. — Ein Exemplar des Originalstiches enthält das königl. Kupferstich-Kabinett zu Berlin. In einer Neuausgabe findet sich der Stich in W. v. Seidlitz' *Allgem. histor. Portraitwerk*, Serie 8 und 9: Künstler und Musiker (München 1888).

william-Museum zu Cambridge. Durch Stiche, Steindrucke, oder eine andere Nachbildungsart ist es bisher, soweit bekannt, noch nicht vervielfältigt worden.

Aus den letzten 10—11 Lebensjahren Händels kommen von noch vorhandenen Ölbildern, von dem weiter unten zu besprechenden Ringportrait abgesehen, nur Arbeiten von Thomas Hudson († 1778) in Betracht. Es handelt sich hier um nicht weniger als acht Gemälde des Künstlers[1]), die Händel zu verschiedenen Zeiten von circa 1748—1756, also bis drei Jahre vor seinem Tode, darstellen. Ein Teil dieser acht Bilder erscheint aber nur als Duplikat des anderen Teils. Die doppelte Ausführung eines und desselben Bildes, ebenso die Verkürzung auf ein kleineres Format, machen in einigen Fällen die Entscheidung zweifelhaft, welchem Bilde die Priorität zuzugestehen sei. Zudem sind einige Gemälde als Originale nicht beglaubigt genug.

Der Zeit von etwa 1748—1749 gehören fünf Hudson-Bilder an. Zwei davon, ein Gürtel- und ein Brustbild, Beide mit dem Kopfe nach rechts, befinden sich in der Londoner *Royal Society of Musicians*, eins (Bruststück) im Besitze von W. H. Cummings in London, das vierte (Kniestück) in der Sammlung von Dr. Harry E. Smith in Streatham-London und endlich das fünfte (ebenfalls Kniestück) in der Hamburger Stadtbibliothek. Das Gürtelbild der *Royal Society of Musicians* soll Händel der Gesellschaft, deren Mitglied er war, selbst überreicht haben. Nähere Nachweise über diese Schenkung sind aber nicht aufgefunden worden. Händel ist hier sitzend dargestellt in reicher Hofkleidung. In der linken Hand hält er ein Notenblatt, während die Rechte sich auf den Oberschenkel stützt. Seine Gesichtszüge erscheinen stark belebt. Das Bild ist nachmals in sehr zahlreichen Fällen die direkte oder indirekte Vorlage zu Kupferstichen und Steindrucken geworden. Die erste Nachbildung fertigte 1748 und nochmals 1749 John Faber[2]) in Mezzotinto, später Miller (Dublin), W. Bromley (1789 für Arnolds unvollendete Händelausgabe, Band 2), J. Whessel, C. P. Landon, H. R. Cook (1829) u. s. w. Auch in Steindrucken finden wir das Bild wieder, so in solchen von Z. Belliard (Paris), Rud. Hoffmann (Wien), Delpesch, A. Waldow u. s. w. Endlich erscheint es noch als Bruststück in den Kupferstichen resp. Stahlstichen von Holl,[3]) Bollinger, L. G. Sichling, Martin Esslinger, Herm. Drochmer, A. Weger, C. Ferd. Heckel, C. T. Riedel u. s. w. Das Brustbild in der *Royal Society* zeichnet sich im Gegensatz zu dem eben besprochenen Werke durch ruhigen, ernsten Ausdruck aus.

---

[1]) Das in Naglers *Künstlerlexikon* (VI, 345) angezeigte Bild in Oxford finde ich nirgends bestätigt. Die ganze, darauf bezügliche Notiz beruht wohl auf Irrtum. Ebenso wohl auch das von Gerber nur in der 1. Auflage seines *Lexikon der Tonkünstler* angeführte „Brustbild in Lebensgrösse in Öl gemalt von Tischbein, besitzt der Herr Hoforganist Kellner in Kassel". (S. Anhang, Seite 63.)

[2]) Exemplare mit der Jahreszahl 1749 im königl. Kupferstich-Kabinett zu Dresden, in Wien in der Portrait-Sammlung der General-Intendanz der k. k. Hoftheater, in der Musikabteilung der königl. Bibliothek zu Berlin (Sammlung v. Poelchau u. Aloys Fuchs) u. s. w.

[3]) Im 1. Bande der 1799 von Heptinstall in London edierten Händelschen Oratorientexte.

Namentlich die Gesichtszüge sind hier mit so auffallender Weichheit behandelt, wie sie den übrigen Hudsonbildern dieser Zeit nicht eigen ist. Soweit mir bekannt, erschien die erste und bisher einzige Reproduktion dieses Gemäldes auf Seite 9 der erwähnten Händelnummer. — Das W. H. Cummings gehörige Bruststück zeigt wiederum in der ganzen Auffassung manche gemeinsame Züge mit dem geschilderten Gürtelbilde. Die Haltung und Modellierung des Kopfes, sowie die Richtung des Blickes sind in beiden Fällen fast dieselben. Die Lebhaftigkeit des Brustbildes wird aber noch erhöht durch die grelle Farbengebung des scharlachroten Gewandes und der dasselbe einfassenden, reich mit Gold durchzogenen Borden. Der Kopf diente als Vorlage für die 1797 erschienene Händel-Apotheose von James Henth und diese wieder für die Steindrucke von E. v. Wintter (1815). Bevor das Bild zu dem gegenwärtigen Besitzer gelangte, war es Eigentum des Kapellmeisters William Hawes und noch früher Samuel Arnolds.

Von dem im Besitze des Dr. Harry E. Smith befindlichen Kniestücke eine nähere Nachricht zu geben, ist leider unmöglich, da die dafür notwendigen Unterlagen nicht zu beschaffen gewesen sind. Das Bild wurde im Sommer 1892 in der englischen Abteilung der Wiener Ausstellung für Theater- und Musikwesen zur Schau gestellt und in dem bezüglichen Sonder-Kataloge (Seite 2) nur kurz registriert. Beglaubigende Nachweise über seine Geschichte sind daselbst nicht angeführt.

Was endlich das Hamburger Kniebild anlangt, so unterliegt die Echtheit desselben keinem Zweifel. Im Jahre 1749 von Hudson gemalt, überbrachte es Händel selbst, im August 1750, gelegentlich seines letzten Aufenthaltes in Deutschland, den in Halle lebenden Anverwandten. In der Familie seiner Nichte Johanne Friderike Flörcke, geb. Michaelsen, blieb es bis 1869 erblich und gelangte dann durch Chrysanders Vermittlung für 400 Thaler in den Besitz von Hamburger Kunstfreunden, die es der dortigen Stadtbibliothek überwiesen. (Vergl. Förstemann, *Georg Friedrich Händels Stammbaum*, Leipzig 1844 S. 12, sowie *Allgem. Musikal. Zeitung*, 1869, S. 126). Das Gemälde ist eines der schönsten und treffendsten, die je von Händel gemacht worden sind. Es erinnert im Ausdruck, sowie in der lebhaften Farbengebung an das Kniestück der *Royal Society* und an das mit Letzterem nahe verwandte Brustbild in der Sammlung W. H. Cummings. Eine vorzügliche Reproduktion des Hamburger Bildes lieferte (1887) Rud. Schuster in Kupferätzung, während der nach demselben Original (1890) veröffentlichte Kupferstich von Carl Becker weniger gelang. Beide Nachbildungen wurden übrigens auf Brustsück reduziert.

Das sechste der von Hudson gemalten Händelbilder, ein Brustsück nach links, befindet sich im Buckingham Palace zu London. Es zeigt uns den Meister etwa im 67. Jahre seines Lebens. Wie nur natürlich, sind hier die Anzeichen des Alters deutlicher und ausgeprägter hervorgetreten als in den bisher besprochenen Gemälden. Sein hervorstechendstes Merkmal aber liegt in der über den Ausdruck gebreiteten aussergewöhnlichen Milde. Die Stimmung des Ganzen ist ungemein weich und scheint von einem Anfluge von Schwermut nicht frei zu sein. Die Herstellung des Bildes fällt etwa in die Zeit, da Händel über das tragische Geschick, das ihm durch sein hartnäckiges Augenleiden drohte, nicht mehr im Zweifel sein konnte. Die Seelenqualen nun, die Händel in dieser trüben Zeit zu erdulden hatte, scheinen, zu einem Teile wenigstens, im vorliegenden Bilde zum Ausdruck gekommen zu sein. Nach dem Original im Buckingham Palace fertigte W. Chapmann (für die 1790 in London unter dem Titel *The Beauties of Handel* erschienene Sammlung von Arien, Duetten und Trios) ganz unvollkommene und an die Vorlage nur wenig erinnernde Kupferstiche. Eine gute Nachbildung über gelang J. Thomson. Sie erschien im 2. Bande von *The Gallery of Portraits with Memoirs, London, Knight, 1833*.

Wir kommen nun zu den beiden letzten Hudson-Bildern, die Händel in 72. Lebensjahre darstellen. Obwohl seit Anfang 1753 völlig erblindet, erscheinen Händels Augen doch wie sehend, was in dem Umstande seine Erklärung findet, dass das Äussere der am schwarzen Star erkrankten Augen diese selbst nicht merklich verändern soll. Das Original trägt die Bezeichnung „T. Hudson, 1756 f." Händel schenkte dasselbe dem Textbearbeiter seines *Messias*, Charles Jennes in Gopsall bei Atherstone am Coventrykanal. Ein Duplikat davon, nur geringe Änderungen aufweisend, enthält die kgl. Privatgallerie im Buckingham Palace. Händel ist hier in ganzer Figur (sitzend) gemalt. Sein Haupt trägt eine lange weisse Perrücke, seine Gewandung, Rock und seidene Beinkleider, ist mit Goldstickereien besetzt. In der Hand hält er einen langen Stock und unter dem linken Arm einen flachen, dreieckigen Hut. An seiner Seite hängt ein Degen. In einem mangelhaften Mezzotinto (von Hardy?) und auf die Hälfte verkleinert findet sich eine Reproduktion dieses Typus in Arnolds *The Works of Handel* (Band 3).

In die Reihe der oben beschriebenen Bilder gehört endlich noch ein Ring, auf dessen Platte sich Händels Portrait in einer Ausführung befindet, die dem vorhin erwähnten Brustbilde im Buckingham Palace sehr nahe kommt. Die Anlage (Brustück), die Wendung des Kopfes nach links, sowie das Kleid Händels, sind in beiden Bildern fast die gleichen. Die Innenseite des Ringes trägt eine eingravierte Widmung, die uns zugleich den ersten Besitzer des Stückes namhaft macht: „G. F. Handel to R. Randell, 1755". In den regelmässigen Händelschen Oratorien-Aufführungen war Richard Randell, (richtiger Randall) eine der Hauptstützen des Chors, der Führer der Tenorstimmen. Obwohl 1755 erst 19 Jahre alt, muss er doch Händel durch hervorragende Leistungen erfreut haben, dass ihm ein solcher Ausdruck der Anerkennung zu Teil werden konnte. Die kleine Reliquie hat sich bis heutigen Tages erhalten; sie befindet sich in Great-Stunmore bei London (Grafschaft Middlesex) in der Sammlung von George Donaldson. Eine Abbildung derselben giebt die mehrfach angeführte Händelnummer auf Seite 6.

II.
Büsten und Statuen.

Die Aufgabe, Händels Persönlichkeit im Bilde festzuhalten, war nicht nur einer Anzahl von Malern zugefallen, sondern auch, und zwar mehrfach, einem der bedeutenderen der derzeitigen Bildhauer Englands: Louis François Roubiliac (1703—1762). Eine der ersten grösseren Schöpfungen desselben war die für *Vauxhall Gardens*, damals eines der vornehmsten Londoner Vergnügungslokale, bestimmte Statue Händels. Die Ausführung des Werkes, zu dem ein einziger Block weissen Marmors verwandt wurde, geschah auf Kosten des Besitzers von *Vauxhall Gardens*, Jonathan Tyers. Die Aufstellung erfolgte Anfang Mai 1738. Händel ist, mit einem leichten Gewande angethan, sitzend dargestellt, wie er eben die Saiten einer Lyra berührt. Zu seinen Füssen befindet sich ein ungeflügelter Amor, der sich anschickt, die vernommene Musik auf dem Rücken eines Violoncells niederzuschreiben. Obwohl das Ganze seiner individuellen Auffassung und Ausführung wegen den lebhaften Beifall der Zeitgenossen gefunden hat, ist es doch in der Anlage verfehlt. Sieht man aber von der unglücklichen Verbindung antiker und moderner Behandlungsweise ab und zieht nur den Ausdruck der Gesichtszüge in Betracht, so muss demselben eine im hohen Masse erreichte Ähnlichkeit zugestanden werden. Nachdem die Statue eine Zeit lang dem Maler Hudson angehört hatte, wechselte sie in der Folgezeit mehrfach ihre Eigentümer, bis sie von der *Sacred Harmonic Society* angekauft wurde. In diesem Institut blieb sie viele Jahre hindurch. Nach der 1883 erfolgten Auflösung der Gesellschaft gelangte sie endlich zu ihrem gegenwärtigen Besitzer, Alfred Littleton in London. — Kupferstiche des Werkes fertigte F. Bartolozzi (1789, für den 6. Band von Arnolds Händelausgabe) auf Grund einer Zeichnung von Blasius Rebecca.

Die allgemeine Anerkennung, die Roubiliac mit seiner oben beschriebenen Statue fand, verschaffte dem Künstler sehr bald wieder Händel betreffende neue Aufträge. Eine seiner nächsten Arbeiten, angeblich noch aus dem Jahre 1738, war eine Marmor-Büste Händels — eine ausgezeichnete, lebensvolle Schöpfung, die, namentlich in der Charakteristik des Gesichts, äusserst treffend und naturgetreu. Auf dem kurz geschorenen Kopfe trägt Händel eine künstlerisch frei arrangierte Mütze. Das Werk, das ebenfalls auf Bestellung des Eigentümers von *Vauxhall Gardens* ausgeführt worden, befindet sich jetzt im Londoner Findlings-Hospital, jener Wohlthätigkeitsanstalt, der Händel viele Jahre hindurch die thatkräftigste Unterstützung zugewandt hat. Abbildungen der Büste wurden zuerst von dem Kupferstecher Thomas Chambars ausgeführt und 1760 veröffentlicht in Mainwarings *Memoirs of the Life of the late George Frederic Handel.* Nach der Wiedergabe von Chambars copierten F. N. Rolffsen (für die Matthesonsche, 1761 gedruckte Übersetzung der angeführten Schrift Mainwarings) und später J. Hinton (für das *Universal Magazine*); endlich erschienen nach der Büste auch noch (freilich minderwertige) Steindrucke bei Kunicke in Wien.

Der Künstlerhand Roubiliacs verdanken wir ferner noch zwei andere, von einander ganz abweichende Händelbüsten. Die Eine (ohne Perrücke) befand sich noch 1879 in der Sammlung Alfred Morrisons in London. Über ihr weiteres Schicksal fehlt mir leider jede Nachricht. Wahrscheinlich bildete sie die Vorlage für die Zeichnung von B. Rebecca, nach der L. K. Sherwin Kupferstiche für Burneys *An Account of the Handel Commemoration (London 1785)* herstellte. Nach Sherwin copierte wiederum (und zwar ziemlich ungeschickt) L. Wolf. — Die andere Büste (mit grosser Perrücke) war einst das Eigentum von Joh. Christ. Schmidt, der sie zugleich mit den Original-Handschriften und dem Klavier Händels dem Könige Georg III. zum Geschenk machte. Die Büste wird heute noch in der königl. Privatgallerie zu Windsor bewahrt.

Roubiliac ist endlich noch der Schöpfer des 1762 errichteten marmornen Monuments in Westminster. Händel (ohne Perrücke) steht lebensgross vor einer Orgel. In der Rechten einen Federkiel haltend, scheint er eben eines Engels Harfenspiel, auf das er mit der Linken deutet, niedergeschrieben zu haben. Auf dem Notenblatte erkennt man den Anfang der berühmten Sopranarie aus dem 3. Teile des Messias: „Ich weiss, dass mein Erlöser lebet." Von allen Händel darstellenden Bildwerken soll der Kopf der Statue, nach Hawkins' Versicherung (l. c. V, 413), den höchsten Grad der Ähnlichkeit erreicht haben. Bei der Modellierung desselben benutzte Roubiliac eine Form, die der von ihm kurz nach dem Hinscheiden Händels aufgenommenen Totenmaske[1]) zu Grunde lag. Das Monument wurde von E. F. Burney gezeichnet und darnach von Jean Marie Delattre als Kupferstich in Charles Burneys schon genannter *Handel Commemoration* (1785) publiziert. Nach Delattre arbeitete eine weitere Nachbildung E. Henne für die noch 1785 erschienene deutsche Übersetzung eben genannter Schrift. Hennes Kupfer erschien später noch einmal und zwar im 2. Jahrgange (No. 24) der „Allgemeinen Musikal. Zeitung" vom 12. März 1800.

Bevor wir die Reihe der Händelbildnisse schliessen, seien noch zwei, dem Gedächtnisse des Meisters gewidmete Werke erwähnt: Eine 1784 geprägte Medaille zu der (um ein Jahr verfrühten) Händelfeier und die 1859 in Halle errichtete Bronzestatue von Hermann Heidel. Die erstere zeigt auf der Vorderseite ein idealisiertes Brustbild Händels aus jüngeren Jahren

---

[1]) Eine Reproduktion der Totenmaske lieferte im Juli 1831 die Zeitschrift *The Mirror* und darnach Grove in seinem *Dictionary* (I, 656).

mit der Umschrift: „Comm[emoratio] G. F. Handel MDCCLXXXIV", auf der Rückseite, von einem Eichenlaubkranze umschlossen: „Sub Ausp[iciis] G[eorgii] III."[1]) Von beiden Seiten derselben erschienen im Januar 1785 (nach einer Zeichnung E. F. Burneys) Kupferstiche von F. Bartolozzi. Die Hallenser Statue gelangte in Stahlstichen von Alex. Alboth in Leipzig zur Vervielfältigung.

ANHANG.

Alphabetisches Verzeichnis
der
citierten Maler, Bildhauer, Kupferstecher, Lithographen etc.
mit Beziehung auf die betreffenden Originale.

Alboth, Alex. nach der Statue in Halle.
Angus, Wilh. nach Kyte.
Bartolozzi, F. nach Rebecca-Roubiliac (Stat.); Münze nach Burney.
Becker, Carl nach Hudson (Hamburgerbild).
Belliard, Z. nach Hudson (R. Soc. of Mus.)
Bollinger nach Hudson (R. Society of Mus.).
Bromley, W. nach Hudson (R. Soc. of M.).
Burney, E. F. nach Roubiliacs Monument, Münze.
Chapman, W. nach Hudson (Brustb. im Buckingham P.).
Chambars, Th. nach Roubiliac (Büste).
Cook, H. R. nach Hudson (R. Soc. of M.).
Delattre, Jean Marie nach Burney-Roubiliac (Monument).
Delius, H. nach Kyte.
Delpesch nach Hudson (R. Society of Mus.).
Denner, Balthasar: Originalbild ca: 1727.
Drochmer, Herm. nach Hudson (R. Society of Mus.).
Eslinger, Martin nach Hudson (R. Society of Mus.).

Faber, John nach Hudson. (R. Soc. of M.).
Grafoni: Originalbild ca. 1745.
Harding, E. nach Denner.
Hardy nach Hudson (in Gopsall?).
Heath, James nach Hudson (im Besitz W. H. Cummings).
Heckel, C. F. nach Hudson (R. Soc. of M.).
Heidel, Herm. Statue in Halle.
Henne, E. nach Burney-Roubiliac (Mon.).
Hinton, J. nach Roubiliac (Büste).
Hofmann, Rud. nach Hudson (R. Society of Mus.).
Hogarth, William: Originalbild ca. 1721.
Holl nach Hudson (R. Soc. of M.).
Houbraken, Jak. nach Kyte.
Hudson, Thomas: Originalbilder ca. 1748 bis 49. 1752, 1756.
Kunicke nach Roubiliac (Büste).
Kyte, Francis: Originalbild 1742.
Landon, C. P. nach Hudson (R. Society of Mus.).
Lewis, F. C. nach Kyte.
Miller nach Hudson (R. of Soc. Mus.).

---

[1]) Die Medaille wurde an diejenigen Musiker verteilt, welche bei dem Londoner Händeljubiläum im Jahre 1784 unentgeltlich mitwirkten. Sie ist in Gold, Silber und Bronze ausgeprägt worden.

Read, C. D. nach Hogarth.
Rebecca, Blasius nach Roubiliac (Statue).
Riedel, C. T. nach Hudson (R. Soc. of M.).
Riepenhausen, Ernst Ludw. nach Kyte.
Roubiliac, Louis François: Statuen 1738 und 1762, Büsten 1738 etc.
Rolfsen, F. N. nach Roubiliac (Büste).
Schertle nach Kyte.
Schmidt, Georg Fr. nach Kyte.
Schuster, Rud. nach Hudson (Hamburgerb.).
Sherwin, L. K. nach Rebecca - Roubiliac (Büste).
Sichling, L. G. nach Hudson (R. Society of Mus.).

Thomson, J. nach Hudson (Brustbild im Buckingham Palace).
Thornhill, James: Originalbild ca. 1720.
Turner, Ch. nach Hogarth.
Waldor, A. nach Hudson (R. Soc. of M.).
Weger, A. nach Hudson (R. Society of Mus.).
Wheasel, J. nach Hudson (R. Soc. of M.).
Wintter, E. v. nach Hudson (im Besitz W. H. Cummings).
Wolf, L. nach Rebecca-Roubiliac (Büste).
Wolfgang, Georg Andreas: Originalb. 1737.
Wolfgang, Joh. Georg nach Wolffgang, G. A.
Zink, Christian Friedrich: Originalbild ca. 1711.

Kritische Besprechungen

einiger

Bücher und Schriften über Musik aus dem Jahre 1896.

Von

Emil Vogel.

Commemorazione della riforma melodrammatica.

(Atti dell' Accademia del R. Istituto Musicale di Firenze. Anno XXXIII.)

Firenze, Galetti e Cocci.

Die nachstehenden Anzeigen seien durch die Besprechung eines Werkes eingeleitet, das zwar schon 1895 erschienen ist, aber bisher nicht die verdiente Beachtung, geschweige denn Würdigung gefunden hat. Ich meine die von der kgl. Musikakademie zu Florenz herausgegebene Festschrift über die Reform des Melodramn. In Deutschland zumal dürften wohl nur wenige von dem Inhalte dieser Schrift Kenntnis erhalten haben. Ihrer für die Geschichte der frühesten Opern neuen und wichtigen Resultate wegen sei sie hier nachträglich erwähnt.

Das Werk besteht in seinem textlichen Teile aus vier Aufsätzen. Den Anfang macht ein geistvoller, von Riccardo Gandolfi verfasster Essay über die Hauptströmungen auf dem Gebiete der Oper. Es folgt eine, auf sorgfältigen Quellenstudien sich stützende Arbeit von G. O. Corazzinis über Jacopo Peri und seine Familie. Ich stehe nicht an, diesen Aufsatz mit seinen hier zum ersten Male veröffentlichten archivalischen Nachrichten über diesen ältesten Opernkomponisten als die wichtigste Leistung der ganzen Publikation zu erklären. Das Leben Peris, von dem weder Geburts- noch Sterbejahr bisher bekannt gewesen, liegt nunmehr in seinen Hauptmomenten offen vor uns. Jacopo ward am 20. August 1561 geboren und starb am 12. August 1633. In der Kirche S. Maria Novella zu Florenz, im Grabgewölbe der Familie der Monaldi, ruhen seine irdischen Überreste. Über das ganze bürgerliche Leben Peris, über die Schicksale seiner Angehörigen, ja selbst über seine florentiner Wohnstätten erhalten wir eingehende, durch Dokumente beglaubigte Nachrichten — leider aber nur wenig über seine Stellung als Sänger und Komponist. Was der Verfasser über Peris künstlerische Thätigkeit anführt, macht den Eindruck flüchtiger, gelegentlicher Erwähnung und verwertet nicht einmal die Ergebnisse längst im Druck vorliegender Arbeiten. So ist z. B. die (Seite 50) aufgestellte Behauptung, das letzte Peri'sche Werk sei die (1625 aufgeführte) Komposition zu Salvadoris „La Precedenza delle Dame" gewesen, unrichtig. In meinem 1889 veröffentlichten Aufsatze über Marco da Gagliano wies ich

nach, dass die Komposition der *Clori*-Partie in des letzteren Oper „La Flora"
(1628) den Schluss des Peri'schen Schaffens bedeute. Trotz dieser Ausstellung
aber verdient die überaus wichtige biographische Ausbeute dieses Aufsatzes
unsere wärmste Anerkennung. Ein lesenswerter kleinerer Artikel von Guido
Mazzoni behandelt die dichterische Bedeutung des ersten Librettisten Ottavio
Rinuccini. Zu der 1894 unter ähnlichem Titel erschienenen Abhandlung
Fil. Medas bildet er eine willkommene Ergänzung. Mit einer höchst lehr-
reichen kunstgeschichtlichen Studie A. Warburgs über die bei der Aufführung
der Intermedien vom Jahre 1589 verwendeten Kostüme schliesst der literarische
Teil der Festschrift ab. Da diese Intermedien, deren Musik 1591 von Malvezzi
zum Druck befördert worden, gleichsam als die unmittelbarsten Vorläufer der
ersten Oper anzusehen sind, so wird gewiss auch die Schilderung der von
den damaligen Darstellern gebrauchten Trachten mit Interesse aufgenommen
werden. Den Schluss der Festschrift bilden acht Kostümtafeln und einige
Musikbeilagen von Luca Marenzio, Jacopo Peri und Jacopo Melani.

Matthew, James E.
The Literature of Music.
London, Elliot Stock.

Die Literatur der Musik wird hier in einer Form geboten, die jedenfalls
den Anspruch auf Neuheit erheben darf: Die innerhalb der einzelnen Gebiete
citierten Erscheinungen werden nicht nach Art von Verzeichnissen, wie die
Forkels, Beckers u. s. w., aufgeführt, sondern finden sich, mit kurzen kritischen Bemerkungen versehen, in fortlaufender, stilistisch verbundener Reihenfolge. Das Buch will keineswegs die kaum übersehbare Menge der ganzen
einschlägigen Werke aufzählen, es beschränkt sich vielmehr darauf, eine Aus-
wahl derjenigen zu treffen, die durch irgend welche Bedeutung, sei es durch
ihren Wert, ihren Einfluss oder ihre Seltenheit, sich auszeichnen. Der Zweck
desselben ist sonach in erster Linie ein praktisch-populärer. In diesem Sinne
verstanden, ist die Aufgabe des Buches mit anerkennenswertem Geschick gelöst
worden. Man erwarte aber keine, die einzelnen Abschnitte erschöpfend be-
handelnden Darlegungen! Für den Eingeweihten bietet der Stoff kaum etwas
Neues. Immerhin aber wird das Werk zur Einführung in die Literatur der
Musik mit Nutzen verwendet werden.

Über den Wert der kurzen, beigefügten kritischen Erläuterungen werden
die Meinungen vielfach auseinander gehen. Ich meinesteils bin der Ansicht,
dass ein kritisches Verfahren, das sich mit zwei oder drei Worten begnügt,
ein gewagtes, unter Umständen sogar geradezu irreführendes Unternehmen bedeutet. Obgleich die Urteile meistens treffend sind, verdienen sie doch in

einigen Fällen entschiedenen Widerspruch; so z. B. in der Charakterisierung der Geschichtswerke von Villarosa, Soriano Fuertes, Brendel, Reissmann und Langhans. Zu berichtigen ist u. A. die Angabe, dass die Immanuel Breitkopf'schen Verlagskataloge (1762) die frühesten ihrer Art seien. Dem Verfasser scheinen also die 1613 von Caspar Flurschütz in Augsburg veröffentlichten Anzeigen, sowie die 1621, 1649 und 1662 gedruckten Verzeichnisse Allessandro Vincentis in Venedig unbekannt geblieben zu sein. Für eine event. zweite Auflage empfehle ich die Aufnahme der wichtigen Schriften Heinr. Bellermanns und Jacobsthals über die Entzifferung der Mensuralnoten, ebenso ein Eingehen auf die Literatur der periodischen Schriften.

Vollhardt, Reinhard.
Bibliographie der Musik-Werke in der Ratsschulbibliothek zu Zwickau.

(Beilage zu den Monatsheften für Musikgeschichte 1893—96.)

Leipzig, Breitkopf & Härtel.

Die Reihe der gedruckten Musik-Kataloge wird durch vorliegende Publikation um ein wichtiges und wertvolles Werk vermehrt. Waren wir vordem hinsichtlich der Zwickauer Musikschätze nur auf die unvollständigen gelegentlichen Berichte angewiesen, wie sie in der „Allgemeinen Musikalischen Zeitung" (Jahrgang 1843, No. 39 und 40) und später in den „Monatsheften für Musikgeschichte" (1872 und 1875) geboten wurden, so besitzen wir jetzt, durch den Vollhardt'schen Katalog, ein übersichtliches Verzeichnis über den ganzen Bestand dieser Sammlung. Wir haben allen Grund, dem Verfasser für diesen Beitrag zur Musik-Bibliographie dankbar zu sein. Derartige Arbeiten, die für die historische Forschung nicht nur nützlich, sondern geradezu unentbehrlich, für den Autor aber mühevoll und nach aussen hin undankbar sind, erscheinen leider nur zu spärlich. Die Anordnung des Stoffes ist praktisch und klar durchgeführt. Abgesehen von einzelnen Sorglosigkeiten, die übrigens am Schluss zum grössten Teile verbessert werden, ist die Hauptsache, nämlich die Durcharbeitung des Ganzen, wohl gelungen.

Beschrieben werden 764 Nummern, zunächst die Sammelwerke (No. 1—87), dann die liturgischen und hymnologischen Werke (No. 88—199), ferner diejenigen theoretischen und literarischen Inhalts (No. 200—244), die Werke unbekannter (No. 245—387) und endlich die einzelner Autoren (No. 388—764). Ein ausführliches Sach- und Namenregister, das dem bequemen Aufsuchen dient, schliesst das Ganze ab. Wie schon hieraus ersichtlich, nimmt die Abteilung der liturgischen und hymnologischen Werke der Zahl nach den ersten

Platz ein. Aber auch inhaltlich ist deren Bedeutung einzigartig, denn eine nicht geringe Menge der einschlägigen Literatur ist nur in den in Zwickau befindlichen Exemplaren bekannt und ein anderer Teil ist selbst dem emsigen Wackernagel entgangen. Nicht minder bedeutend ist aber auch die hier zusammengebrachte Fülle handschriftlicher und gedruckter Vokalwerke des 16. Jahrhunderts, vorzugsweise deutscher Autoren. Für das geschichtliche Bild der Entwicklung deutscher Musik dieser Zeit sind hiermit die wesentlichsten Charakterzüge gegeben.

Bibliografia delle Cronistorie dei Teatri d'Italia.

Livorno, stap. tip. E. Levi e C.

Diese, nur in 100 Exemplaren gedruckte, anonym erschienene kleine Schrift verdanken wir dem Sammelfleisse des Dr. Diomede Bonamici in Livorno. Sie stützt sich auf eine 1888 in der Mailänder „Gazzetta Teatrale" von Alessandro Ademollo zuerst veröffentlichte und in der Einleitung zu dessen „I Teatri di Roma" abermals gedruckte ältere Zusammenstellung, führt aber nicht nur das hierher gehörige Material bis auf die jüngsten Erscheinungen der Gegenwart fort, sondern bringt noch eine Anzahl wichtiger Nachträge und Erweiterungen. Über die Literatur der italienischen Theatergeschichte ist uns damit eine wertvolle Übersicht geboten. Die Verzeichnisse selbst sind alphabetisch nach Orten gruppiert. Sie behandeln 27 Städte des gesamten italienischen Sprachgebiets, also auch mit Einschluss derjenigen, die nicht innerhalb der politischen Grenzen des heutigen Italiens fallen. Das im Titel verwendete Wort „Cronistorie" bezeichnet übrigens den Inhalt der Schrift nicht scharf genug, da dieselbe keineswegs nur diejenigen Werke aufzählt, die zeitlich geordnete Tabellen der Theateraufführungen enthalten, sondern auch solche, in denen das Geschichtsbild in erzählender Form gezeichnet wird. Mit dieser Erweiterung ist natürlich der Wert der ganzen Zusammenstellung wesentlich erhöht worden. Zu dem Mailand betreffenden Abschnitte hätte noch Aufnahme finden sollen Gio. Batt. Cacciòs *Indice de' spettacoli teatrali*, der sich auf die Spielzeit vom Frühjahr 1782 bis zum Karneval 1783 bezieht (Milano 1783), ferner zu Reggio die Abhandlung Manzinis *I Teatri Reggiani* (Reggio 1877), zu Neapel Di Giacomos *Cronaca del Teatro di S. Carlino* (Napoli 1890). Endlich hätte auch Bominis *Del teatro friulano* (Udine 1875) genannt werden müssen.

Edwards, F. G.
The History of Mendelssohn's Oratorio „Elijah".
London, Novello.

In der Geschichte des Oratoriums bedeuten Mendelssohns „Paulus" und „Elias" ohne Zweifel die wichtigsten Marksteine der auf Händel und Haydn folgenden Epoche. Während die Erstaufführung des „Paulus" im Mai 1836 in Düsseldorf stattfand, geschah die des letzteren erst 10 Jahre später und zwar auf englischem Boden. „Elias" ist also im vergangenen Sommer 1896 ein halbes Jahrhundert alt geworden. Die Popularität, die sich dieses Oratorium überall in Deutschland und England erworben, und die, im letzteren Lande wenigstens, nur noch von der des „Messias" übertroffen wird, lässt eine zusammenfassende Geschichte dieses Werkes wohl angebracht erscheinen. Edwards hat sich dieser Aufgabe unterzogen und sie mit anerkennenswertem Fleisse und warmer Begeisterung durchgeführt.

In der Herbeischaffung von neuem, zum Thema gehörigen Originalmaterial ist der Verfasser ungemein glücklich gewesen. Ausser einzelnen, bisher unbekannten Briefen sind hier zum ersten Male die umfangreichen und gehaltvollen Korrespondenzen veröffentlicht worden, die Mendelssohn mit William Bartholomew, dem Übersetzer des „Elias"-Textes, unterhielt. Für die Unterbringung des ganzen gesammelten Stoffes gebraucht Edwards fünf Kapitel. Im ersten wird die Entstehungs-geschichte des deutschen Textes behandelt. Die nachweisbar früheste Erwähnung des „Elias" finden wir in einem vom 12. August 1836 datierten Briefe Mendelssohns an Karl Klingemann in London. Letzterer, der dem Komponisten bereits das Libretto für das Liederspiel „Heimkehr aus der Fremde" geliefert hatte, sollte auch den Text für „Elias" schreiben. Aber trotz öfteren Drängens um Beschleunigung der Arbeit erhielt Mendelssohn, selbst nach Verlauf von zwei Jahren, nur wenig mehr als einen Entwurf. Des weiteren Wartens müde, wandte er sich nun an seinen alten Jugendfreund, den Pastor Julius Schubring in Dessau und veranlasste denselben zur endlichen Fertigstellung des Textes. Was uns der Verfasser hierüber berichtet, ist dem deutschen Leser bereits aus dem 1892 veröffentlichten „Briefwechsel zwischen Felix Mendelssohn-Bartholdy und Julius Schubring" bekannt. Die Schilderungen der Vorarbeiten für das 1846 in Birmingham abzuhaltende Musikfest, speziell der mit Mendelssohn angebahnten Verhandlungen zur dortigen persönlichen Leitung seines inzwischen noch zu vollendenden „Elias" füllen den Inhalt des zweiten Kapitels. Wie hieraus zu entnehmen, muss sich der Komponist erst im Herbst 1845 und im darauffolgenden Frühjahr mit der Konzeption des „Elias" andauernder beschäftigt haben. Gegen

Ende Mai 1846 wurde die erste, im Juli die zweite Hälfte der Partitur beendet und nach Birmingham abgesandt. Das dritte, der englischen Textübersetzung gewidmete Kapitel, ist jedenfalls, neben dem fünften, das lehrreichste des ganzen Buches: Durch einen vollständigen Abdruck des schon erwähnten Briefwechsels mit William Bartholomew erhalten wir übernus wertvolle Beweise von dem tiefen Verständnis und sprachlichen Feingefühl, mit dem Mendelssohn die Übersetzung Takt für Takt, Note für Note überwachte. Die erste Aufführung, über die wir im vierten Kapitel Bericht erhalten, fand in Town Hall zu Birmingham, am 26. August 1846, statt. Mendelssohn dirigierte selbst und erzielte allgemeinsten Beifall. Nicht weniger als acht Nummern mussten wiederholt werden. Trotz aller begeisterter Zustimmungen ging der Autor, seiner Gewohnheit folgend, schon nach wenigen Wochen an eine gewissenhafte Nachprüfung und durchgreifende Verbesserung seines Werkes. Über den Umfang und die Art dieser Änderungen handelt der letzte Abschnitt. Auch hier werden wir wieder mitten in die Werkstatt des Komponisten geführt, wir belauschen denselben in seinem Schaffen und sehen gleichsam diejenige Fassung des Oratoriums sich entwickeln, die der uns geläufigen entspricht. Diese revidierte Form bildete denn auch die Grundlage für den späteren Druck. Zur Illustrierung seiner geschichtlichen Darstellung enthält das verdienstvolle Werk noch einige Beilagen, darunter eine Reproduktion eines bisher noch nicht publizierten Mendelssohn-Bildes vom Jahre 1835, die Portraits der Hauptsolisten und des Textübersetzers, endlich das Faksimile einer eigenhändig vom Komponisten aufgezeichneten metronomischen Bestimmung zu sämtlichen Nummern des „Elias."

Festschrift

zur

50jährigen Jubelfeier des Bestehens der Firma C. G. Röder, Leipzig

mit einem Anhang:

Notenschrift und Notendruck von Dr. Hugo Riemann.

(Dazu 28 Tafeln.)

Anfang Oktober 1896, anlässlich der Feier ihres 50jährigen Bestehens, brachte die Firma C. G. Röder eine Festschrift zur Versendung, die in ihrer äusseren Herstellung ein hervorragendes Zeugnis der Leistungsfähigkeit dieses berühmten Geschäftshauses für Notenstich bietet. Druck und Ausstattung der ganzen Schrift sind in einem so vornehm-künstlerischen Schmuck erfolgt, ebenso die technische Wiedergabe der Notentafeln so vollendet dargeboten, wie sich, in ähnlicher Weise hergestellt, in Deutschland nur wenige Beispiele finden dürften. Aber auch bezüglich seines Inhalts beansprucht das Werk lebhaftes Interesse, besonders seitens der Musiker und Musikfreunde. In einem einleitenden Artikel, der durch Portraits der ehemaligen und heutigen Inhaber, sowie auch durch Abbildungen der anfänglichen und jetzigen Geschäftslokale geschmückt ist, erhalten wir einen Überblick über das Emporblühen der Firma seit ihrer Gründung durch Carl Gottlieb Röder bis zur Gegenwart. Diesen internen Mitteilungen folgt eine kurzgefasste, doch dem Gegenstande völlig genügende Schilderung über die technische Herstellung eines Musikstückes. Ein weiterer, eingehenderer Aufsatz führt uns durch die zahlreichen Säle des Etablissements, mitten in die Stätten der Arbeit. Vor unserem geistigen Auge entwickelt sich der ganze Betrieb der Anstalt. Was aber der Publikation einen dauernden Wert verleiht, ist die nun folgende, von Hugo Riemann verfasste Studie über Notenschrift und Notendruck.

Die Arbeit Riemanns umfasst 88 Seiten und ein alphabetisches Namen- und Sachregister. Am Schlusse finden sich 28 Tafeln zur Illustrierung der im Text befindlichen Angaben. Diese Tafeln, vom Hause Röder mit vorzüglicher Sorgfalt ausgeführt, veranschaulichen u. a. die verwandtschaftlichen Beziehungen der Neumen- und Choralnotenschrift. Ausgehend von einer kurzen Darstellung der altgriechischen Tonschriften, behandelt der Riemann'sche Text nacheinander die Neumen, die Mensuralnotenschrift, die Orgel- und Lautentabulaturen. Ein Kapitel über berufsmässige Notenschreiber führt nun zu demjenigen Teile, der, weil auf selbständigen Forschungen beruhend, das besondere Interesse der Historiker in Anspruch nehmen muss: Riemanns neue Resultate beziehen sich auf die mit beweglichen Notentypen druckenden Vorgänger Petruccis. Die aufgefundenen Beispiele betreffen aber sämtlich nur die Anwendung dieses Verfahrens auf liturgische Musik. Das Verdienst des Petrucci, zuerst für den Druck von Figuralmusik, d. i. von mehrstimmiger kontrapunktischer Kunstmusik, bewegliche Metalltypen angewendet zu haben, wie wir im vorigen Jahrgange des näheren erörterten, bleibt somit nach wie vor ungeschmälert. Die bisherigen Untersuchungen über die ältesten Choralnotendrucke mit beweglichen Typen waren bisher so mangelhafte, dass sich mit Sicherheit nur zwei Repräsentanten dieser Gattung ergaben. Hier setzt nun die Riemann'sche Untersuchung mit grossem Erfolge ein und weist eine ganze Reihe solcher Drucke aus den beiden letzten Jahrzehnten des 15. Jahrhunderts nach. Die erste Anwendung des Typendruckes von Choralnoten in römischer Form finden wir in einem vom 29. Dezember 1481 datierten Missale des Octavianus Scotus in Venedig. Sieben Wochen vorher aber, am 8. November 1481, verliess die Pressen ein liturgisches Werk mit deutschen Choralnoten, nämlich Jörg Reysers *Missale Herbipolense* (Exemplar auf der kgl. Universitätsbibliothek zu Würzburg). So lange nicht durch weitere Forschung ein noch früherer Beleg nachgewiesen wird, besitzen wir in dem genannten Reyser'schen Missale nicht nur den ersten Druck mit deutschen Notentypen, sondern den ersten Musiknotendruck überhaupt.

Als den ältesten einfachen Typendruck (ein Verfahren, in dem die Type eine Vereinigung von Note mit Stücken des Liniensystems bildet) glaubte man die zu Siena 1515 von Petrus Sambonettus gedruckten „Canzoni Sonetti Strambotti et Frottole" ansehen zu müssen. Der Verfasser weist diese Annahme mit Recht als Irrtum nach. Die schon anderweitig ausgesprochene Vermutung, dass das Verdienst, diese Vereinfachung eingeführt zu haben, dem Pierre Haultin in Paris gebühre, gewinnt damit zugleich an grösserer Wahrscheinlichkeit. Aus der grossen Reihe der in der zweiten Hälfte des 16. und dem ganzen 17. Jahrhundert wirkenden Notendrucker sind nur einige wenige Vertreter namhaft gemacht. Hier wäre zur Vervollständigung des geschichtlichen Überblicks eine eingehendere Beleuchtung der musik-typographischen Leistungen aller Kulturländer nicht nur erwünscht, sondern, zumal eine solche in zusammenfassender Darstellung noch nicht versucht worden ist, recht wohl am Platze gewesen. Für spätere Forschungen bleibt daher hier noch viel Raum. Das Kapitel schliesst mit einem Hinweis auf das von Joh. Gottlob Immanuel Breitkopf gelöste Problem der Herstellung von Typen für mehrstimmigen Druck auf einem System. In dem letzten Abschnitt seiner Abhandlung bespricht Riemann den Plattenstich. Von dem oben erwähnten Werke des Sambonettus abgesehen, dessen Herstellungsweise nicht sicher angegeben werden kann, treten uns unstreitig sichere Kupferplattendrucke, wie schon Chrysander nachgewiesen, erst von 1586 ab in Simone Verovios Arbeiten entgegen. Eine wesentliche Verbesserung dieser Art von Notenvervielfältigung gelang den Engländern John Cluer, Rich. Mearer und John Walsh durch Einführung von sogenannten Pewter-Platten (einer Mischung von Zinn und Blei) und Anwendung von Stempeln zum Einschlagen der Notenköpfe. Mit einer kurzen Erwähnung des heutigen Verfahrens schliesst die Untersuchung Riemanns ab.

Schmidt, Leopold.

Zur Geschichte der Märchen-Oper.

2. Auflage.

Halle a. S., Otto Hendel.

Eine Inaugural-Dissertation, die im ersten Jahre ihrer Veröffentlichung schon zweimal hat aufgelegt werden müssen, gehört, wenigstens auf dem Gebiete musikgeschichtlicher Produktion, zu den Seltenheiten. Die Schmidt'sche Arbeit darf sich solcher Auszeichnung rühmen. Der in ihr behandelte Stoff ist aber auch wohl geeignet, das lebhafte Interesse grösserer Leserkreise wach zu rufen. Nach den epochemachenden Erfolgen von Humperdincks „Hänsel und Gretel" zumal, erscheint die Abhandlung Schmidts just zu rechter Zeit für diejenigen, welche über die Geschichte dieser Operngattung Belehrung suchen wollen. Des Verfassers Beitrag verdient volle Anerkennung, um so mehr, als derselbe sich einem bislang nochununtersuchten Gebiete zuwendet. Über das Wesen und die Entwicklung der Märchenoper erhalten wir in gedrängter Kürze treffliche Aufschlüsse. Wenn auch das zum Teil weit verstreute, oft sogar ganz verschollene Quellenmaterial, der Mangel jedweder Vorarbeit und nicht zuletzt die immer noch unzureichenden Hilfsmittel die Schuld trugen, dass der Stoff dieser Studie keineswegs in seinem ganzen Umfange herangezogen werden konnte, so sind doch damit wenigstens die Grundlagen zu weiteren Forschungen gegeben.

In dem einleitenden Kapitel erörtert der Verfasser zunächst den Begriff des Märchens und stellt die Unterschiede von dem der Sage fest. Nach einer kurzen Anführung der italienischen, französischen und deutschen Märchenquellen schildert er dann in skizzenhaften, aber doch markanten Zügen die Entstehungsgeschichte der Märchenoper: Wir haben ihre Keime nicht, wie bei der Oper überhaupt, auf italienischem Boden, sondern in dem auf populärer Grundlage erstandenen Singspiele der Franzosen zu suchen. Eine nun folgende, zeitlich geordnete Zusammenstellung der Opern, deren Stoffe der Märchenwelt entnommen sind, ermöglicht eine bequeme Übersicht über deren geschichtliche Entwicklung. Sie enthält den Titel, Namen der Komponisten und die Aufführungsdaten von 96 verschiedenen Werken dieser Gattung. Den Anfang macht Galuppi mit dem als Commedia per musica 1750 im Theater S. Moisè in Venedig aufgeführten Märchen „Il paese della cuccagna" (Schlaraffenland). Aus dem 18. Jahrhundert werden 21, aus der ersten Hälfte des laufenden Jahrhunderts 51 Märchenopern citiert. Der Rest gehört der Neuzeit an. Die eigentliche Blütezeit dieser Kunstform scheint, wenigstens nach Schmidts Zusammenstellung zu schliessen, die erste Hälfte des 19. Jahrhunderts gewesen zu sein. Auffallend geringe Pflege ist dieser Gattung in Italien zu Teil geworden, denn sie findet sich hier unter 96 nur in 7 Fällen vor. An die tabellarische Übersicht schliesst sich nun der Hauptteil der ganzen Arbeit an: Die aufgezählten Werke werden nach Stoffgruppen, unter Ausserachtlassung ihrer nationalen oder chronologischen Stellung, gesondert betrachtet und einer näheren Beleuchtung unterzogen, bezüglich ihres Textes und, wo durch Vorhandensein der Partitur oder des Klavierauszugs die Möglichkeit dafür geboten war, auch ihres musikalischen Gehalts. Der Verfasser unterscheidet hier drei Abschnitte. Zunächst werden die eigentlichen Märchenopern (Volksmärchen) aufgeführt (wie Aladin, Ali Baba, Aschenbrödel, Blaubart, Dornröschen, Hänsel und Gretel, Rotkäppchen u. s. w.), sodann die Opern, denen Kunstmärchen zu Grunde liegen (la fée Urgèle, Zauberflöte, Rubin) und endlich diejenigen, die mit Märchenelementen durchsetzt sind (Oberon, Melusine, Undine, Loreley). Die einzelnen Erläuterungen, die uns mitten in das umfangreiche Gebiet führen, sind vom Verfasser mit feinem Verständnis für die textliche und musikalische Seite der Aufgabe behandelt. Sie erschliessen uns eine ganze Anzahl bemerkenswerter Details, deren Kenntnis nicht nur dem Kunstforscher, sondern jedem Opernfreunde Anregung bieten.

Für eine vom Verfasser in Aussicht gestellte weitere und eingehendere Behandlung seines Themas seien hier noch einige Quellenwerke zur Benutzung und Verwertung empfohlen: Salviolis *Bibliografia universale del teatro drammatico italiano* (bisher in 5 Lieferungen erschienen), sowie der 1879 publizierte, an französischen Opernpartituren überaus reiche Musikalien-Katalog, der Bibliothek in Lille. Von Cléments *Dictionnaire des Opéras* konnte auch noch ein 4. Supplementheft (Paris 1881) berücksichtigt werden. Endlich mögen noch einige irreführende Versehen verbessert werden, so Seite 15 (Anmerkung) Titel und Jahreszahl von Vincenzo Galilei's 1581 (nicht 1588) gedrucktem *Dialogo della musica antica et della moderna*, ebendort Name und Wirkungsort des Musikdruckers Marescotti in Florenz (nicht Marescotti in Venedig), S. 17 (Anmerkung 3) Vecchi (für Veschi), S. 19 (13. Zeile) 1674 (für 1574).

Kirchenmusikalisches Jahrbuch 1896

Elfter Jahrgang

herausgegeben von Dr. Franz Xaver Haberl.

Regensburg, Fr. Pustet.

Das unter diesem Titel seit 1886 alljährlich veröffentlichte, vorzüglich der geistlichen Musik gewidmete literarische Unternehmen schliesst sich an eine noch um 10 Jahre ältere Publikation, den „Cäcilienkalender", an. Wiewohl beide Erscheinungen mit gleicher Tendenz geleitet worden, ist doch in der späteren die äussere Form eine ernstere geworden und jedes frühere, bei der Kalender-Literatur kaum zu umgehende belletristische Beiwerk vermieden. Die sämtlichen zehn Jahrgänge des „Cäcilienkalenders", sowie die ganze Reihe der als Jahrbücher erschienenen Fortsetzungen verdanken wir dem oben genannten Herausgeber. Ist auch das Jahrbuch zunächst nur für die Interessen katholischer Kirchenmusik bestimmt, so hat es sich doch, kraft seines vorzüglichen, die neuesten allgemein-musikgeschichtlichen Forschungen berücksichtigenden Inhalts, zu einer Spezialität herausgebildet, die sich die Sympathien auch anderer Kreise zu erwerben und zu erhalten gewusst hat. Durch die in seinen einzelnen Aufsätzen niedergelegten Resultate ist das Werk, zumal dem Musikhistoriker, unentbehrlich geworden.

Auch der vorliegende elfte Jahrgang entspricht in seinem Charakter ganz dem seiner Vorgänger. Dem textlichen Teile vorauf findet sich eine wertvolle musikalische Einleitung, enthaltend eine in moderne Schlüssel übertragene Partitur zu dem (zuerst im Jahre 1585 in Rom gedruckten) *Officium Hebdomadae Sanctae* von Th. Lud. da Vittoria. Bis jetzt liegt hier etwa das erste Drittel des ganzen Officium vor, der Rest soll in den beiden nächsten Jahrgängen neu publiziert werden. Die nun folgenden neun Abhandlungen und Aufsätze bilden den Hauptinhalt des Buches. Über die Ereignisse im kirchenmusikalischen Leben vom Oktober 1894 bis zur gleichen Zeit 1895 berichtet in gewandter und übersichtlicher Form der leider inzwischen dahingeschiedene Prof. Dr. Anton Walter († 1. Okt. 1896). Es reihen sich hieran (als Fortsetzung und Schluss) die im Jahrgang 1894 begonnenen „archivalischen Excerpta über die herzogliche Hof-Kapelle in München" (aus dem Nachlasse Jul. Jos. Maiers) und ein Referat R. von Liliencrons über „Ein deutsches Missale aus dem Jahre 1529". Die Förderung bibliographischer Arbeiten bezweckt ein Aufsatz des Herausgebers „über Kataloge von Musikbibliotheken". Möchten die hier gegebenen Anregungen in weitem Maase Berücksichtigung finden! Alle, denen die Ausbreitung unserer bibliographischen Kenntnisse, der Grundlage aller geschichtlichen Studien, am Herzen liegt, werden dem klaren, zielbewussten Plane des Verfassers beipflichten und ihm eine thunlichst baldige Verwirklichung wünschen. Als Anhang zu diesen Erörterungen darf der folgende beschreibende Katalog der Elbinger St. Marienbibliothek betrachtet werden. Er lehrt, freilich in indirekter Weise, die Beweiskräftigkeit der vorher aufgestellten Erfordernisse eines wirklich brauchbaren Musikalien-Verzeichnisses. Die übrigen Aufsätze des Jahrbuchs, fast den dritten Teil seines ganzen Inhalts einnehmend, beschäftigen sich — mit Ausnahme eines Referates von Edm. Langer über „das von deutschem Gesang begleitete Hochamt", einer vom Herausgeber beigesteuerten trefflichen Studie über den Komponisten des oben erwähnten *Officium* und einer Reihe von Anzeigen neu erschienener Werke — mit paläologisch-archäologischen Forschungen des liturgischen Gesanges: In einem geistvollen Artikel über die „rhythmische Gliederung des Chorals" verbreitet sich G. Gietmann unter Anlehnung an die von Dechevrens in dessen *Du rhythme dans l'hymnographie latin* niedergelegte neue Theorie. Über die Resultate der Neumenforschung (in der *Paléographie musicale* und in Fleischers *Neumenstudien*) berichtet in klarer, allgemein verständlicher Ausführung P. Utto Kornmüller. Wie stark auch durch die hier berührten Fragen unser Interesse in Anspruch genommen und namentlich durch eine Anzahl hierhergehöriger, jüngst erschienener Arbeiten immer wieder neue Nahrung empfangen hat, so darf doch nicht verschwiegen werden, dass, gerade in den wichtigsten Punkten, die Ansichten sich schroff gegenüberstehen. In der Erwägung, dass, solange die Akten über diese Frage noch nicht geschlossen scheinen, die Aufgabe eines wissenschaftlichen Organs nur darin zu bestehen habe, über den gegenwärtigen Stand dieser einzelnen Forschungen objektiven, leidenschaftslosen Bericht zu erstatten, beschränkt sich das Jahrbuch auf einen abwartenden, aber von allen Strömungen unterrichteten Standpunkt. Die schon erwähnten Anzeigen neuer Erscheinungen beschliessen den reichen Inhalt des Bandes.

Krome, Ferdinand.
Die Anfänge des musikalischen Journalismus in Deutschland.
Leipzig, Pöschel & Trepte.

Diese in den letzten Dezembertagen des verflossenen Jahres erschienene Studie giebt uns in gedrängter Form einen Überblick über die ältesten musikalischen Fachorgane Deutschlands. Von Matthesons „Critica Musica" (1722) ausgehend, beschränkt sie sich auf eine Darstellung des Zeitschriftenwesens im 18. Jahrhundert, führt den hauptsächlichsten Inhalt der einzelnen Journale auf und knüpft daran treffende kritische Bemerkungen. Da die meisten dieser periodischen Erscheinungen heute ziemlich selten geworden und wohl nur noch im Besitze grösserer Bibliotheken sich finden, so ist das Verdienst des Verfassers, einem weiteren Kreise den Charakter jener Literatur gezeichnet und nach ihrem Werte beleuchtet zu haben, keineswegs zu unterschätzen. Der vorhandene Stoff ist nicht nach Art von Verzeichnissen behandelt (wie in dem bekannten Buche von Freystätter: „Die musikalischen Zeitschriften"), sondern in einem zusammenhängenden Aufsatze, also etwa wie Van der Straetens Beitrag zur Kenntnis der belgischen Musikjournale. Zu des letzteren Arbeit bildet diejenige Kromes ein durchaus würdiges Seitenstück, das sich sowohl durch seine ungemein fesselnde Art der Darstellung auszeichnet, wie auch durch Reife des Urteils und sorgfältige Ausscheidung alles Überflüssigen.

Sollte dem Verfasser später einmal Gelegenheit für eine Neubearbeitung des Stoffes geboten werden, so sei ihm die Benutzung einer Vorarbeit empfohlen, die sich seiner Kenntnis leider entzogen hat: Anton Gebharts „Repertorium der musikalischen Journalistik und Litteratur" (Dillingen 1851). Nicht unerwähnt dürfte dann auch bleiben Carl Ludwig Junkers 1784 ediertes „musikalisches Taschenbuch" (Freyburg), zumal dasselbe noch dem 18. Jahrhundert angehört. Endlich müssten noch einige kleinere Versehen verbessert werden: Seite 18 (Zeile 1) muss Kirchenmusik für Kammermusik gelesen werden, Seite 57 Orgeltabulatur von Elias Nicolaus Ammerbach für Orgeltemperatur von Ammerbach, gen. Nicolaus und Seite 66 Algarotti für Algorotti (der freilich schon in der citierten Quelle unrichtig geschrieben wird). Schliesslich müsste die Seite 51 angeführte Autorbezeichnung E. T. P. A. in Ermelinda Talia Pastorella Arcada aufgelöst werden — so nannte sich nämlich die Kurprinzessin Maria Antonia von Sachsen, nachdem sie zu Rom Mitglied der arkadischen Akademie geworden. Die in einem Anfange gegebenen Zusätze zu Freystätters oben genanntem Buche könnten noch um eine Menge periodischer Erscheinungen, namentlich ausserdeutscher, vermehrt werden; denn die Zahl der in den einzelnen Ländern auftauchenden und zumeist bald wieder verschwindenden Fachorgane ist so ungeheuer gross, dass sie in ihrer Gesamtheit kaum übersehbar erscheint. Die Seite 70 an erster Stelle citierte italienische Zeitung führt übrigens den Titel Polinnia (nicht Polimnia) und das Erscheinen des Florentiner „Boccherini" währte von 1862—1869. Zu den deutschen Zeitschriften aus der ersten Hälfte des 19. Jahrhunderts hätte noch hinzugefügt werden müssen J. E. Häusers „Musikalisches Jahrbüchlein", das in seinem ersten Jahrgange 1833 ans Licht trat.

Die für das Konzert bestimmte Komposition grossen Stils im Jahre 1896.

Von

Hermann Kretzschmar.

Wenn es einem Dirigenten belieben sollte sich um die Verlagskataloge und um die Neuheiten von 1896 nicht zu kümmern, so würde man ihn nur wegen weniger Werke zur Rede stellen können. Denn eine spätere Zeit wird dieses Jahr nicht zu den historischen und den grossen rechnen: es blieb an Glück und Fruchtbarkeit in der musikalischen Komposition hinter dem bescheidenen Durchschnitt zurück.

Solchen ärmlicheren künstlerischen Zeitläuften eine eingehendere Betrachtung zu widmen ist nicht lockend, aber es ist sehr lohnend. Studien im Tiefland bilden für geographische Erziehung einen besseren Ausgangspunkt als Gebirgsreisen. So wird man sich auch über den augenblicklichen Zustand eines Kunstgebietes vortheilhafter zu einem Zeitpunkt unterrichten, wo nicht aussergewöhnliche und blendende Erscheinungen die Aufmerksamkeit von der Beobachtung der allgemeinen Verhältnisse abziehen und das Typische verdecken.

Man sollte wohl jeden Musiker, der auf höhere Bildung Anspruch macht, auf eine regelmässige Jahresbetrachtung, auf eine Generalumschau über die Entwickelung in seiner Kunst verpflichten. Nicht etwa zu gelehrten oder wissenschaftlichen Zwecken, sondern damit er über Wichtiges und Nichtiges klar wird und damit er den Leistungen der vergangenen und den Forderungen der kommenden Zeit gegenüber nach Schuldigkeit Stellung zu nehmen vermag. Ein Jeder natürlich nach seinen Kräften. Was das Gebiet der musikalischen Komposition betrifft, mit der wir es hier zu thun haben, so sind da dem Anschein nach die Komponisten die zum Eingreifen Berufensten. Aber da ist zwischen Komponisten und Komponisten ein grosser Unterschied: die Reformer, Diejenigen, deren Namen auf den Hauptblättern der Musikgeschichte stehen, waren bis auf die Ausnahme vereinzelter Glückspilze stets auch grosse Denker. Und in Zeiten wo in den Komponistenkreisen die Denker fehlten und Alle behaglich mit dem Strome schwammen, da wurde die Geschichte der Tonkunst von andern Musikerklassen bestimmt; zuweilen waren es Laien, die das Steuer richtig stellten. Denken wir nur an Luther, an die Florentiner Hellenisten am Ende des 16. Jahrhunderts oder an Thibaut!

Unsere Presse, die politische Tagespresse mit ihren Kunstfeuilletons sowohl wie die musikalische wöchentliche Fachpresse trägt zur Klärung über den Werth und die Richtung unserer derzeitigen musikalischen Arbeit im Ganzen nur wenig bei. Der Sammlung bar, überbürdet und daher zur Bequemlichkeit neigend, vom Getriebe der Parteien und Spekulanten bethört, wohl auch von schwachen und unreinen Händen bedient, vermehrt sie oft die Verwirrung. Das Verwerfliche und Unbedeutende hebt sie nicht selten hervor, das Grosse und Originelle drückt sie herab und übergeht es. Namentlich in Deutschland und England fehlt es zur Zeit ganz kläglich an wirklichem kritischen Talent in der Musikkritik, d. h. an Leuten mit scharfer angeborner Beobachtungsgabe. So steht denn im Allgemeinen die überwiegende Mehrheit der Tonkünstler der Komposition der Gegenwart gegenüber, soweit sie nicht nach Tagesschlagwörtern Stellung nimmt, auf dem Manchesterstandpunkt: „laissez faire etc." Das Hergebrachte gilt als selbstverständlich und naturnotwendig auch da wo es zu Bedenken Anlass giebt und den Wunsch nach Änderung hervorruft.

Einen solchen Fall bildet in unsrer heutigen Komposition das Verhältnis von Instrumentalmusik zur Vokalmusik. In Deutschland ergab eine im August 1896 veranstaltete Statistik 6867 Instrumentalkompositionen und nur 3756 Vokalwerke. Zieht man in Betracht, dass in der zweiten Gruppe die Zahl der Lieder und kleineren Arbeiten viel bedeutender ist als in der ersten, so giebt das so ziemlich das Verhältnis 2 zu 1. Wie in Deutschland so ist es auch in Österreich, in Frankreich, Russland und Amerika. In Skandinavien werden beide Gebiete gleichmässiger gepflegt; nur in England und in Italien wird die Vokalmusik bevorzugt.

Wer nur mit dem laufenden Jahre rechnet, wird aus dieser Thatsache leicht falsche Schlüsse ziehen. Ein Deutscher wenigstens ist in der Regel fest davon überzeugt, dass sein Vaterland in der Musik viel höher steht als Italien oder gar als England. Er wird auch geneigt sein diese Überlegenheit auf die eifrigere Pflege der Instrumentalmusik zurückzuführen. Bis zu einem gewissen Grad hat er hierin Recht. Aber mehr noch als in andern Künsten, muss man in der Musik mit Jahrhunderten arbeiten. Man darf nicht von heutigen Zuständen sprechen, ohne an Vergangenheit und Zukunft zu denken. Von ihr gilt vor allem das πάντα ῥεῖ des Heraklit: Alles ist in ihr in beständigem Fluss. Es kann eine Zeit wiederkommen, wo Engländer und Italiener sich mit uns Deutschen musikalisch wohl messen können, gerade so gut wie eine solche Zeit da war. Bei den Engländern war es allerdings nur die kurze Spanne, in der das Madrigal blühte und die Instrumentalmusik ihre erste Entwickelung durchlief. Bei den Italienern aber betrug die Zeit ihrer von ganz Europa anerkannten musikalischen Vorherrschaft volle zwei Jahrhunderte. Die natürlichen musikalischen Fonds jener beiden Völker sind noch heute keineswegs gering, oder gar aufgezehrt.

In jener grossen Zeit der italienischen Musik waren die Italiener auch die Führer auf dem instrumentalen Gebiete, die Lehrmeister der Deutschen in Sinfonie, Sonate und Konzert. Namentlich im virtuosen Konzerte beherrschten italienische Tonsetzer das ganze achtzehnte Jahrhundert hindurch den europäischen Markt mit Werken von unvergänglicher Lebenskraft. Die Arbeiten Corellis liegen bekanntlich in Chrysanders „Denkmälern der Tonkunst" seit 1869 in stattlicher und zugleich handlicher Partiturausgabe neugedruckt vor. Möchte in der Zukunft diese Ausgabe fleissiger benutzt werden als das bisher geschehen ist. Möchte auch ein Verleger bald einmal eine Sammlung von Werken der andern Meister des italienischen Konzerts versuchen. Vivaldi vor allem hat wohl auf Berücksichtigung Anspruch, schon weil er unserm Seb. Bach so sehr gefiel.

Mit der Zeit wo Haydn und Beethoven einsetzten, zogen sich die Italiener aus der Instrumentalmusik mehr und mehr zurück und kultivierten immer einseitiger die Oper. Wir aber traten an die Spitze der europäischen Tonkunst und haben uns nun seit ungefähr acht Jahrzehnten an diesem Punkte so leidlich behauptet. Wenn aber einmal die Wendung eintritt, dass die Vokalmusik wieder Oberhand bekommt, so kann das für uns Deutsche ein Schlag werden. Denn unsere Vokalkomposition grossen Stils hat in dieser Periode empfindlich gelitten. Die Zahl der aus Dilettanten gebildeten Chorvereine hat sich seit Anfang dieses Jahrhunderts in Deutschland beträchtlich vermehrt, aber die damals aller Orten bestehenden besoldeten und disziplinierten Chöre sind bis auf einen kleinen Rest eingegangen. Unsre heutigen Abonnementskonzerte räumen dem einstimmigen Lied einen Platz ein, der ihm nach Stil und Geschmack nicht zukommt aber von Gesangwerken grossen Stils bringen sie nicht den dritten Teil von Dem in die Öffentlichkeit, was vor 90 und 80 Jahren in den „wöchentlichen Konzerten" der deutschen Städte zu hören war. Dem entsprechend hat sich auch das Verhältnis in Druck und Verlag geändert. An den Rezensionen der „Allgemeinen Musikalischen Zeitung" um 1800 haben Vokal- und Instrumentalwerke noch den gleichen Anteil: die für heute geltenden Zahlen haben wir oben gebracht. Mit dem äusserlichen Rückgang in der deutschen Vokalmusik war auch ein innerer Wertverlust verbunden. Sie verlor an der Vokalität und ward ärmer und ärmer an natürlichen gesanglichen Wirkungen. Heute hat gegen diesen Prozess' eine Reaktion eingesetzt, die, von Berliner Musikern ins Leben gerufen und geleitet, an den Mustern der Alten eine Besserung erstrebt. Aber dass dieser Prozess stattgefunden hat, das beweist das Verhalten, welches das Ausland gegen die deutsche Vokalmusik eingenommen hat: Ihr Export ist beträchtlich zurückgegangen. In der Zeit von Haydn bis auf Spohr und Mendelssohn nahm England von allen deutschen Chorwerken Notiz: selbst Neukomm war jenseits des Kanals populär. Heute drucken wohl die Verleger die Oratorien, die Messen, Requiems unserer Komponisten auch noch mit englischem Text. Aber wie viele davon bringen es zu einer englischen Aufführung? Der Rückgang des Vokalsinns ist international, er hat, mit Einschluss Italiens, alle Länder betroffen. Aber in Deutschland trat er besonders schnell ein und griff bis ans Herz der Tonkunst. Was für ein Unterschied in dem Gesang von Haydns „Schöpfung" und Hillers „Zerstörung von Jerusalem". Die beiden Werke liegen nur etliche dreissig Jahre auseinander, aber ihren Stil scheint ein Jahrhundert zu trennen. Dass wir in der falschen Kunst an Stelle des Gesangs blosse trockene Deklamation und metrisches Stammeln zu setzen, seit Hiller noch beträchtlich weiter gegangen sind, beweisen zwei Werke, die zwar nicht dem Jahre 1896 selbst angehören, aber ganz in seine Nähe fallen. Es sind die beiden letzten Oratorien A. Rubinsteins: sein „Moses" und sein „Christus".

Diese beiden Werke ragen durch Kraft, Reichtum und Anschaulichkeit, durch eine Fülle überraschender und glänzender Einfälle, durch Eigentümlichkeit der Phantasie, durch Wärme und Schwung der Empfindung so sehr über die Mehrzahl der neueren Werke ihrer Gattung empor, dass man zunächst nur schwer versteht, warum sie so wenig aufgeführt werden. Ein Hauptgrund ist aber doch wohl: dass sie zu wenig Gesang bieten. Namentlich der Chor ist zu karg damit bedacht. Es ist eigentümlich, wie Rubinstein, geht man seine Oratorien und seine Cantaten vom „Verlornen Paradies" ab, daraufhin durch, in der Behandlung der menschlichen Stimme sich mehr und mehr in melodischen Extremen bewegt. Entweder: ein Überschwang von Melismen und Figuren, die in orientalischen Rhythmen und Intervallen (Triolen und übermässigen Secunden) schwelgen, koloristische Leistungen exotischer und berauschender Natur — oder: eintönige, prosaische Psalmodie, in der die Musik nur noch ein notdürftiges rhythmisches Halbleben führt. Diesen Mangel hat Rubinsteins Musik aus ihrer Zeit übernommen; sie büsst dafür auch mit den Teilen, wo sie individuell und gross ist.

In erster Linie wird man diese Haupt- und Glanzstellen da suchen müssen, wo Text und Situation, Malereien und verweilende Schilderung erlauben und verlangen. Solche Punkte sind im „Moses" die Ankunft der egyptischen Königstochter, der Zug der Frauen ins Bad. Dazu hat Rubinstein eine Musik geschrieben, die den schönsten Einfällen aus der Zeit seines „Feramors" ebenbürtig ist. Es ist eine idealisierte Balletmusik höchsten Ranges, in der in unserm Zeitalter kein zweiter Komponist mit Rubinstein wetteifern kann. Nur Goldmark steht in einer Nähe, die es erlaubt ihn zu erwähnen. An kleinen Zügen mächtiger Inspiration ist das Werk voll. Man darf dahin besonders die Verkündigung der Gebote rechnen. Es ist eine Monotonie in der Darstellung dieser Scene, wenn die grosse Trommel, die Pauken durch 60 breite Takte hindurch immer dasselbe crescendo decrescendo treiben und die Orgel auf dem Höhepunkt mit einem vollen Akkord eintritt. Aber es ist eine elementare, grossartige Monotonie, die feierlich stimmt wie der Anblick des Meeres und es gehört zu Rubinsteins Signalement, dass er es wagte und dass es ihm gelang musikalische Ideen mit solchen primitiven Mitteln auszudrücken. Auch dem auf Gemüt und Empfindung gestellten Teil der (von H. Rosenthal herrührenden) Dichtung wird Rubinstein in seinem „Moses" in originaler und fesselnder Weise gerecht. Am schönsten da wo es der Sehnsucht und der Erinnerung gilt: z. B. in dem weich schwärmerischen Duett der

"Mirjam und der Zipora" „Ich sah das Land" (im 7. Bild) und in dem Gebet „Josabats" „Du hast als Abraham" (im 1. Bild).

Was Rubinstein bewogen hat trotz Händels „Israel in Egypten" einen „Moses" zu komponieren, ist ersichtlich weniger die Grösse des Moses und das Gewicht der Vorgänge gewesen als das fremdartige, das egyptische Kolorit. Das Milieu und die Staffage sind es auch wieder in erster Linie gewesen, die ihn zum „Christus" geführt haben. Wenn wir nach einem musikalischen Seitenstück zu Uhdes Heilandsbildern suchen — hier in dem Rubinstein'schen Oratorium sind wir ihm ziemlich nahe. Die Hirten, die morgenländischen Könige, das sind alles Figuren, denen jeder Rest vom biblischen Nimbus abgestreift ist. Sie reizen durch einen groben Realismus. Prachtgestalten sind namentlich die drei Könige: ein Maure, ein Inder und ein Nordländer. Für sie hat Rubinstein eine Musik geschrieben, die unter den künstlerischen Beiträgen zur Völkerkunde eine Nummer Eins verdient und an Charakteristik und an reizender Wirkung noch das übertrifft, was wir aus seinem „Turmbau zu Babel" kennen. Insbesondere machen wir auf den träumerischen Inder aufmerksam. In der Scene der Wechsler im Tempel, in der Schilderung des Verhörs bei Pilatus begegnen sich Rubinstein und sein Dichter: Heinrich Bulthaupt vielfach mit älteren Passionskompositionen, mit Schichts: Ende des Gerechten und namentlich mit den Passionen der Hamburger Schule: R. Keiser und Genossen. Wenn man hier wieder jene alten Umschreibungen des Bibelworts findet, kommt man da nicht auf den Gedanken, dass S. Bach doch wohl umsonst gelebt hat? Er, der gegen die Verwässerungen der heiligen Schrift, sogar mit roter Tinte protestierte! Wir wollen aber dem Dichter Rubinsteins nicht Unrecht thun. Sein Text hat auch sehr schöne empfundene Stellen. Besonders zeichnet sich in der Hirtenscene der Abschnitt: „Seht dort schlummert der Heiland der Welt" aus. Der Komponist bleibt jedoch hier weit hinter seinem Librettisten zurück. Die bedeutendsten Stücke des Christus liegen wohl im 2. und im 3. Vorgang: Es ist der Schluss der Taufe durch Johannes, wo Jesus Töne anschlägt, die dem besten in Wagners „Parsifal" nicht nachstehen und die Auferweckung des Lazarus, die mit einer prachtvollen Musik zum Leichenzug einsetzt und mit einem Chor endet, der eine echte volle Oratorienmelodie bringt.

Nach zwei Seiten hin ist die Komposition dieser letzten Rubinstein'schen Oratorien ausgeprägt modern: in ihrem Mangel an Vokalität, in der Benutzung der Instrumente zum Schildern. Konservativ, ja wohl demonstrativ altväterisch hält sich aber Rubinstein in der Führung der Form. Die beiden Werke zerfallen in Nummern: kein Versuch sie zum Ganzen durch wiederkehrende Motive zu bilden: An einer einzigen Stelle im „Moses" hat sich Rubinstein dem ihm verhassten Leitmotiv unwillkürlich etwas genähert. Als die Königstochter den Pharao bittet, die Israeliten doch ziehen zu lassen, da klingen kurz einige Töne aus der Schilderung der Plagen an.

Rubinstein nennt auch seinen „Moses" und seinen „Christus" wieder „Geistliche Opern". Es ist bekannt und Rubinstein hat sich selbst (an wenig passender Stelle) darüber ausgesprochen, dass er mit diesem Titel grosse Reformen des modernen Oratoriums im Schilde führte. Es war ihm wie den meisten seiner heutigen Kollegen völlig unbekannt, dass das Oratorium im 17. Jahrhundert thatsächlich geistliche Oper war. Sei es darum: der Gedanke das Oratorium wieder an die Bühne zu knüpfen, hat sehr viel für sich. Ob sich aber die beiden geistlichen Opern „Moses" und „Christus" gut spielen lassen und von der Bühne herab eine mächtige Wirkung üben werden, bezweifeln wir. Sie teilen mit dem „Franciscus" Tinels und mit einer grossen Zahl ungesungener moderner Bühnenwerke, schwere dramatische Gebrechen. Es fehlt der Entwickelung an Energie und Einheit. Sie sind poetische Kinder einer kraftlosen, unklaren Zeit. Der Mechanismus des Dramas ist ihnen zu schwer, sie begnügen sich mit dem Aufreihen von Bildern, deren Zahl man ohne Schaden für das Ganze vermehren oder verringern könnte.

Somit bleiberr auch Rubinsteins beide letzten Oratorien, nach poetischer und musikalischem Gehalt betrachtet, nur Denkmale einer für das Oratorium ungünstigen Zeit. Aber wir haben viel schlechtere Zeiten gehabt. Den ärgsten Tiefpunkt bilden R. Schumanns „Paradies und Peri" und seine „Pilgerfahrt der Rose". Diese Bemerkung wird die Verehrer des verehrungswürdigen Meisters kränken. Sie bezieht sich wenig oder gar nicht auf die Musik dieser Werke, die trotz ihrer weichlichen Grundstimmung das Eigentümlichste und Schönste mit enthält, was die Tonkunst des 19. Jahrhunderts besitzt. Vielmehr betrifft sie die Wahl des Stoffes, die eine nur in einer von Romantik kindisch gewordenen Zeit mögliche Verirrung, ein Verbrechen gegen die Natur der Gattung bedeutet. Es scheint, als sei die Stimmung jetzt gegen das weltliche Oratorium überhaupt herumgegangen. Mit Unrecht. Es findet in Sage und Historie grosse geeignete Stoffe genug und es gehört nur eine glückliche Hand dazu die rechten zu wählen. Eine solche besitzt der Stettiner Dr. Lorenz, dessen Werke „Otto der Grosse", „Krösus" und „Die Jungfrau von Orleans" — dieses ist noch ungedruckt — mehr Förderung verdienten, als ihnen bisher zu Teil geworden ist. Sie zeichnen sich durch den Gehalt der Chöre und durch sichere und grosse Gestaltung aus. Nur in den Sologesängen fehlt ihnen der Zug und die Macht, über die unter den Neueren Mendelssohn glücklich gebot. Mit Vierlings Werken können sich die von Lorenz wohl messen.

Auch der bisherige Hauptvertreter des weltlichen Oratoriums in Deutschland, Max Bruch, ist ihm untreu geworden. Bruch hat im vergangenen Jahr einen „Moses" veröffentlicht, zu dem der durch liturgische Arbeiten und Bestrebungen bekannte Strassburger Universitätsprofessor Friedrich Spitta, der auch zu mancher Vokalkomposition H. v. Herzogenbergs die Worte geschrieben hat, den Text verfasste. Dieser Text ist leider aus Bibelstellen zusammengestellt. Er wird also dazu beitragen, die Verwirrung wieder zu steigern, in der die grosse Menge seit Mendelssohns „Paulus" dem Oratorium gegenüber steht. Nur Wenige wissen, dass diese Gattung nicht zur Kirchenmusik gehört, sondern dass es dramatische Musik ist und dass Bibelwort und Choräle ihm fremde Dinge sind, die auf eine Vermengung mit der Passion, mit liturgischer Musik also, beruhen. Dieses durch Mendelssohn veranlasste Missverständnis hat bedauernswerte praktische Folgen: Unsere Sänger z. B. behandeln darauf hin auch die Händel'schen Oratorien unter dem Gesichtspunkte der Kirchenmusik und singen die Rezitative, hier und da auch eine Arie in einer langweiligen Feierlichkeit, die den Werken das Leben nimmt. Da aber die Gewohnheit stärker ist als der Verstand, kann man namentlich von Dilettanten, die die ästhetische Weisheit gepachtet zu haben glauben, solche Missgriffe häufig genug als musterhafte und echte Leistungen gelobt hören. Unter den wenigen biblischen Oratorien, die in den letzten Jahren überhaupt im deutschen Konzert Fuss gefasst haben, verdient Hegars „Manasse" auch wegen der schlichten und klaren Art in der es sich zum Stoff und Text stellt, lobend hervorgehoben zu werden.

Mosenthal hat seinen „Moses" ohne Zweifel auf die Individualität Rubinsteins hin angelegt und ihn deshalb reich mit anmutigen Idyllen ausgestattet. Spitta hat mit dem Pathos Bruchs gerechnet und den Gesetzgeber und Retter Israels in den Vordergrund gestellt. Nur mit der „Rückkehr" der Kundschafter aus dem Lande Kanaan durchbricht ein köstlich freundliches Bild den strengen und ernsten Grundzug seiner Dichtung. Sie ist gedrungener als die Mosenthals und beschränkt sich auf 4 grosse Abteilungen, Hauptakte aus dem Leben des Moses: Am Sinai, Das goldne Kalb, Die Kundschafter, Das Land der Verheissung (Der Tod Moses).

Es ist nun auffällig, dass Bruch diesen Aufbau des Dichters eigentlich wieder zerstört. Selten ist uns seit den Zeiten von Friedrich Schneiders „Weltgericht" ein Oratorium begegnet, das sich in so viel kleinen Sätzen vorwärts bewegt. Mit den Haupt- und Jugendwerken Bruchs, seinem Frithjof, seinem ersten Violinkonzert, der Esdursinfonie, mit „Schön-Ellen" mit „Jubilate Amen" kann man diese letzte grosse Arbeit der Erfindung nach nicht zusammenstellen. Möglicherweise hat die neue Aufgabe den Komponisten etwas beengt. Das Streben nach Kraft und Grösse ist unverkennbar. Im Kolorit hat es zu einem etwas allzu dicken Farbenauftragen geführt. Von der zweiten Abteilung ab schon wird ein Aufschwung in der Komposition bemerkbar. Der Gesdursatz: „Land des Sehnens" ist eine herrliche Nummer und es ist recht und ein wahrer poetischer Silberblick, dass der Komponist später auf diesen Satz zurückkommt. Zu den Stellen wo Bruch mit Rubinstein die gleiche Aufgabe in Angriff nimmt und sie glücklicher löst, gehört vor allem „Die Anbetung des goldnen Kalbes". Für Recken und Riesen, für Kraftgestalten guten und bösen Schlags hat der Komponist des „Frithjof" und des „Odysseus" die

Töne sicher und so führte er denn auch das Treiben der „Rotte Korah" in einem Bilde vorüber, das sich mit seinen stampfenden, grotesken Motiven dem Ohr und der Seele unwiderstehlich einprägt. Zieht man die Summe der naheliegenden Vergleiche zwischen Rubinstein und Bruch, so wird man jenem die musikalische Überlegenheit zuerkennen müssen, diesem die grössere historische oder biblische Treue.

Ein einziges Oratorium in einem Jahre, das ist für Deutschland nicht viel. Es handelt sich dabei aber nicht um eine Ungunst, die diese Kunstgattung besonders trifft. Kantaten von Belang sind gar nicht, Messen von Bedeutung haben wir auch nur eine anzuführen. Sie ist von Friedrich Klose einem Schüler Anton Bruckners. Der seit einiger Zeit in Karlsruhe lebende Komponist ist weiteren Kreisen zuerst wohl durch einen Elfenreigen für Orchester bekannt geworden, der bei einer der letzten Tonkünstlerversammlungen gespielt wurde. Kloses Messe, die in Dmoll, der Tonart mancher hervorragenden Komposition des Hochamts, steht, lag im Klavierauszug allerdings schon länger, aber wenig bemerkt vor; das vergangene Jahr hat ihr das Avancement der um mehrere Einlagen vermehrten Partiturausgabe gebracht. Man wird sie ihrer guten, schlicht anschaulichen Ideen wegen in einer Reihe mit den besten Werken nennen dürfen, die wir auf dem Gebiete der Messe in Deutschland im Laufe des letzten Menschenalters erhalten haben, mit der Bmoll-Messe A. Beckers, der Fis-moll Messe F. Drasekes z. B. Die letzte Reife ist dem Komponisten hier und da durch seine unnötige Bescheidenheit erschwert worden. Er hält sich knapp, hält zurück, wo wir mit einem schönen Gedanken ins Weite und in einen grossen Zug zu kommen wünschten. Von dem modernen Laster der gelehrten Breite ist Klose jedenfalls ganz frei. Dass er Individualität hat und sich etwas zutrauen darf, beweist namentlich sein Osanna, das fast eine Liszt'sche Unbekümmertheit der Tradition und dem üblichen Brauch gegenüber zeigt.

In Italien hat in derselben Zeit, wo die Bühnenmusik vom Verismus erfasst wurde, die geistliche Gesangmusik einen schweren Prinzipienkampf durchgemacht. Es handelte sich darum zu den Bestrebungen Stellung zu nehmen, die in Deutschland der Cäcilienverein vertritt und man entschied sich endgültig für sie. Das war kein kleiner Entschluss, denn wenn irgendwo, so war in Italien die Kirchenmusik weit ab auf die weltliche Seite und in die Trivialität hineingeschwenkt. Heute ist das Ideal, dem alle Kirchenkomponisten nahezukommen trachten: Palestrina. Mit der Nachbildung seines Stils geht die Veröffentlichung andrer alten Meister gleichzeitig einher. So zeigt eben Tebaldini in Padua die Neuausgabe einer grossen Reihe interessanter Werke aus der Venetianischen Schule an. Deutsche Kenner seien darauf besonders aufmerksam gemacht; denn die Venetianische Schule, obgleich sie auf uns durch Schütz, Hassler u. a. mächtiger eingewirkt als andere, ist bei uns heute viel weniger gekannt als z. B. die Römische. Wer weiss von Monteverdi'schen

Messen, von Kirchenwerken Cavallis! — Einige Sätze von G. Gabrieli, Lottis „Crucifixus" — das ist so ziemlich Alles was in den deutschen Gemeinbesitz aus jenem Reichtum übergegangen ist. Man darf sich nicht wundern, dass bei dieser reagierenden Tendenz die neue kirchliche Komposition Italiens wenig oder nichts zu Tage fördert, was für das Konzert zu brauchen wäre. Sie will das gar nicht. Man spricht im Gegenteil von den kirchlichen Kompositionen der älteren Zeit schlecht, die diese Eigenschaft besitzen. Mercadantes Messen, Rossinis „Stabat" haben augenblicklich wenig Verehrer jenseits der Alpen und merkwürdiger Weise auch Cherubini findet sich häufig mit auf der Liste der geistlichen Tonsetzer, die liturgisch Anstoss erregen. Vielleicht kommt das daher, dass man ihn, der in seiner Heimat stets fremd geblieben ist, auch in seinen Messen und Requiems nicht kennt! Zu unserer grossen Befriedigung, obwohl wider alles Erwarten, haben wir aber nicht ein einziges Wort gegen Verdis „Requiem" gefunden. Es ist doch immer wieder bei den Söhnen des Südens Patriotismus und sinnliche Empfänglichkeit stärker als alle Prinzipientreue!

Eine weltliche Vocalkomposition grossen Stils besitzt aber Italien ausserhalb der Oper nicht. Es fehlen dem an musikalischen Mitteln so reichen Lande die dazu nötigen Chorinstitute. Nur an einzelnen Orten hat man versucht welche zu bilden.

Auch Frankreichs Vokalkomposition hat bisher unter diesem Mangel zu leiden gehabt. Möglicherweise tritt da aber bald eine Änderung ein. Ein Blick auf die französischen Verlagskataloge des Jahres 1896 legt diese Annahme einigermassen nahe. Denn neben einer Unzahl von Kompositionen, welche den Besuch des russischen Kaisers mit „Salut au Tzar", und unter allen möglichen Titeln und Besetzungen begrüssen und feiern, fällt darin nichts so sehr auf, als die Menge von Männerchören, zu deren Ankauf das Publikum eingeladen wird. Es ist kein Zweifel mehr: wie den Einjährig-Freiwilligen, so hat Frankreich auch das echt deutsche Institut des „Männergesangvereins" sich zu eigen gemacht. Dass die Bekanntschaft über Belgien gekommen ist, beweist der Stil dieser Kompositionen. Es sind schwierige Tonmalereien nach dem Muster von Gewaerts „Irische Auswanderer", Hegar's „Totenvolk" und „Schlafwandel"; einfache Weisen volkstümlicher Art, wie unsere Silcher'schen, Otto'schen kommen nicht drunter vor. Die meisten thun es nicht ohne die onomatopoetischen Mittel, die den Hennegauern und Burgundern schon zu Lasso's Zeit so lieb waren: don, don etc. Viele arbeiten Meyerbeerisch mit Lärm- und Füllwörtern wie Rataplan, oder auch gleich mit Brummstimmen. Möge diese Bewegung in gesunde Bahnen kommen, vor allem: möge dieser Männergesang, nicht wie bei uns in Deutschland, zum Feind des gemischten Chors werden!

Das gelobte Land, das Kanaan der gegenwärtigen Vokalkomposition ist und bleibt England vielleicht trotz nur mässigen Talents aber kraft der guten musikalischen Sitten!

Wie 1846 das Komité von Birmingham bei Mendelssohn den „Elias" bestellte, so kann noch heute jeder halbwegs angesehene Komponist darauf rechnen einen Auftrag zu einem Oratorium für ein englisches Musikfest zu erhalten. Das passiert gelegentlich auch noch Ausländern, wie bekanntlich vor einigen Jahren Anton Dvorak. Aber Eingeborene werden — mit Recht — neuerdings vorgezogen. So finden wir in 1896 auf dem Musikfest in Bristol Parrys neues Oratorium „Job", in Worcester Elgars „light of the life". Beide Werke sind mit andern Oratorien bereits gedruckt — wahrscheinlich nur für England. Daneben enthalten die Verlagsverzeichnisse des vergangenen Jahres lange Reihen weltlicher Kantaten für Solostimmen, Chor und Begleitung des Orchesters (oder Klaviers). Wie gross die Fruchtbarkeit auf diesem Gebiete in England ist, kann man aus der Thatsache entnehmen, dass die eine Firma Novello & Co. allein und nur für den Monat September anderthalb Dutzend solcher Kantaten anzeigt. Die beliebtesten Autornamen sind die von Mackenzie und Bridge, unter den Jüngeren darf vielleicht Oliver King hervorgehoben werden. Ueber Macfarren und Bennet kann man das Muster dieser englischen Kantate auf Mendelssohns „Walpurgisnacht" zurückführen. Sie bildet eine Brücke zwischen Konzert und Hausmusik und zeigt englische Kunst von ihrer besten Seite: traulich, beschaulich, herzlich, das Irdische und Bürgerliche mit Poesie umkleidend. Einen Schwung der Fantasie und der Empfindung, der über das Gewöhnte und Bekannte hinausführt, darf man aber nicht darin suchen und man muss auch auf etliche Plattheit gefasst sein!

Ein noch stärkerer Verbrauch von neuen Werken, wie in der Kantate findet auf dem Gebiet der eigentlichen Kirchenmusik in England statt. Es gab auch in Deutschland einmal eine Zeit, wo sich kein Brautpaar von Ansehen mit einer Motette trauen liess, die schon einmal bei einer Hochzeit gesungen war. So ist es in England noch heute nicht in Ordnung wenn ein Chor zu einem Fest nicht ein ganz neues Stück anlegt und vorlegt. Wenn Weihnachten, Ostern und Pfingsten in der Nähe sind, oder auch bei anderen Festen, da wimmeln die Musik-, auch wohl geeignete Tageszeitungen von Anzeigen neuer Anthems.

So blüht die Produktion in der englischen Gesangmusik, wenn auch meistens vorwiegend quantitativ. Aber die Qualität kommt eben mit der Menge und der Masse leichter als bei Misswuchs. Im 16. Jahrhundert kauften wir in Deutschland englische Madrigale und Instrumentalmusik nach Kräften. Wer weiss, ob nicht eine solche Zeit einmal wiederkommt. Der vorige November hat in Düsseldorf bereits ein Konzert mit englischer Instrumentalmusik gebracht, auch in Rom ereignete sich um dieselbe Zeit etwas ähnliches. Doch ohne zu scherzen: Das Bild der englischen Gesangkomposition sollten wir nicht betrachten ohne einige guten Lehren daraus zu ziehen: Unsere Musikfeste sollten es den englischen an Kraft und guten Willen, die zeitgenössische Komposition zu fördern, gleich thun. Unsere Kirchen und Städte sollten Mittel zur Errichtung von guten Berufschören aufbringen. Unsere deutschen Chorvereine sollten viel mehr leisten und für genügende Vorbildung ihrer Mitglieder sorgen! Unsere Regierungen sollten darauf achten, dass die für den Gesangunterricht in den Schulen ausgeworfene Zeit nicht vergeudet, sondern methodisch ausgenützt wird. Unsere Konservatorien sollten nicht bloss einzelne, sondern samt und sonders ihre Schüler im Chorgesang ausbilden. Denn 1. wer nicht singen kann, lernt nicht Melodie fühlen, bleibt unmusikalisch; 2. Kenntnis der Hauptwerke der Chorkomposition aller Zeiten ist Sache des musikalischen Anstands!

Werden diese Bedingungen erfüllt, so haben wir auch in Deutschland eine Zeit neuen Aufschwungs für die Gesangkomposition höheren Stils zu erwarten. Nun giebt es allerdings bereits zahlreiche Musiker, die mit Anton Rubinstein — in „die Musik und ihre Meister" - - die Vokalkomposition gering, als Musik zweiter Klasse ansehen. Wir wollen dieser Partei nicht die Autoritäten eines Rich.Wagners, eines Fr. Gervinus und andere Männer aus den verschiedensten Lagern entgegensetzen. Instrumentalmusik und Vokalmusik gegen einander ausspielen, die eine über die andere stellen, bleibt immer beschränkt. Aber das Eine sollten sich die Verächter des Vokalen, die Schwärmer für das instrumental Transcendentale klar machen, dass die Vokalkomposition das Band bildet, welches die Tonkunst mit der allgemeinen Bildung verknüpft! Nehmen wir der Musik den instrumentalen Teil, so wird sie, wenn auch bescheiden und stiller, doch weiter leben; kürzen wir sie um den vokalen Teil, so stirbt sie binnen kurzer Zeit.

Das gewaltige, das ungemessene Ansehen, das heute die Instrumentalmusik geniesst, gründet sich vornehmlich auf die wunderbar grosse Entwickelung die sie um die Wende dieses Jahrhunderts in der Sinfonie genommen hat. Die gesamte Kunstgeschichte hat keinen zweiten Fall, der damit verglichen werden kann, was in den fünfzig Jahren von 1780—1830 auf diesem Gebiet geleistet worden ist: Am Anfang jenes Abschnitts wuchs man noch bei Werken Lullys und Scarlattis auf; diejenigen die das Ende des kurzen Sturmlaufs erlebten, standen vor der Beethoven'schen Sinfonie.

Es ist bekannt, welche wichtige Rolle diese Sinfonie Beethovens in der gesamten Tonkunst des 19. Jahrhunderts, insbesondere aber in seiner höheren Instrumentalmusik gehabt hat. Sie wird für alle Zeiten, so lange eine Kunst existiert, ein unerschöpflicher Gegenstand der Bewunderung und des Studiums bleiben. Wir haben aber Jahrzehnte lang darin geirrt, dass wir sie auch als einen geeigneten Gegenstand beständiger Nachbildung betrachteten. Für uns Deutsche war dieser Irrtum verzeihlich und ehrenvoll. Denn Beethoven ist zu einem Teil ein Produkt deutscher Musik und deutscher Kultur; es erschien für uns als Pflicht sein Erbe nicht bloss zu wahren, sondern auch weiter zubilden. Ob das zweite möglich wäre, danach haben wir wenig gefragt. Wir übersahen in der Begeisterung, dass diese Beethoven'sche Sinfonie das Werk eines titanischen Geistes, einer Natur war, die durch Anlage und Schicksal zu den seltensten, nicht von jedem Jahrhundert erlebten Ausnahmen gehörte. Wir übersahen wieviel an der Beethoven'schen Sinfonie der grossen Zeit ihrer Entstehung gehört. Es war eine der geistig und sittlich gesegnetsten Perioden die Deutschland, die Europa gehabt hat. Wir übersahen endlich auch, dass diese Beethoven'sche Sinfonie die natürlichen Verhältnisse der Gattung missachtete, wir übersahen die Massslosigkeit weil sie die des Genies war.

So wurde die Beethoven'sche Sinfonie Muster und Norm, dem Komponistenstand eine Leistungsfähigkeit zugemutet, die unmöglich war. Dass unter diesen Umständen immer noch eine Reihe brauchbarer und erfreulicher Sinfonien in Deutschland geschrieben wurden, zeigt dass doch viel Talent und viel Glück im Lande waren.

Seit Jahrzehnten macht sich aber eine Änderung immer erkennbarer. Die Werke der Beethoveninner werden grämlicher und pessimistischer, nehmen immer mehr einen Charakter an, den die Zeitgenossen des Aristoteles nach ihrer Weise Musik zu beurteilen als unsittlich beklagt haben würden. Man sucht nach Zielen die sich leichter behaupten lassen: das Ausland brachte uns die Programmmusik, in den Werken der Skandinavier und Slaven Annäherung an Volksthum und poesievolle Wirklichkeit. Die alte Suite kehrte zurück, es entstand die sinfonische Dichtung — lauter namhafte Konkurrenten der Beethoven'schen Sinfonik. Auch überlegte? Manche scheinen das zu glauben. So lesen wir in der sonst vortrefflichen italienischen Rivista musicale von 1896 (S. 129): die klassische Sinfonie könne uns Modernen nicht mehr genügen, sie gehe nur auf formelle Bildungen aus. Welches elementare Missverständnis! Nein, unsere Geister sind zusammengeschrumpft, sind zu klein geworden für die Formen Haydns und namentlich Beethovens. Seine Zeit war eine Zeit hoher Ideen, die die ganze Menschheit bewegten; es war die Zeit der französischen Revolution, die Zeit Kants und Schillers, die Zeit da alle Künste und Wissenschaften einen Aufschwung nahmen, wie ihn die Weltgeschichte nur selten gesehen hat. Diesem Boden verdankt die Beethoven'sche Sinfonie ihren Gehalt und ihre Art bis zu dem Grade mit, dass man das Paradoxon aufstellen darf: Beethoven könnte heute selbst keine Beethoven'schen Sinfonien mehr schreiben. Unsere Zeit ist eine Zeit der kleinen Formen und der kleineren Ideen, eine Zeit der unfreiwilligen Bescheidenheit, des Ausruhens, des Reproduzierens, des Sammelns, und hoffentlich des Studierens. Sie frischt sich auf und an durch scharfes Beobachten der Natur in Wissenschaft, in Literatur und in bildenden Künsten. Diese Richtung, die Leidenschaft für Naturtreue, das Bemühen ihrer natürlichen Mittel immer mehr Herr zu werden, finden wir auch in der neueren Instrumentalmusik. Nach zwei Gesicht-punkten haben wir die von ihr vorgelegten Werke vor allem zu scheiden: als Nachbildungen und als Neubildungen.

Zu den interessantesten Versuchen der neuesten, an Zahl und Bedeutung immer geringer werdenden Beethovennachbildung gehört die im vergangenen Jahre erschienene Dmoll-Sinfonie von Giuseppe Martucci. Das Interessante an diesem Stück ist aber die italienische Herkunft. Es wird sich kaum eine zweite Komposition auffinden lassen, die ihre Heimat so energisch verleugnet.

Aus den Tagebüchern Otto Nicolais, des Komponisten der „Lustigen Weiber" kann man sich überzeugen, dass es in den dreissiger Jahren unmöglich war in Rom eine Beethoven'sche Sinfonie in irgend einer Gestalt zu bekommen. So gründlich haben seiner Zeit die Italiener die Entwickelung der deutschen Instrumentalmusik verschlafen. Jetzt sind sie eifrig dabei das Versäumte nachzuholen und wenn es ihnen gelingt, die Pflege der höheren Orchestermusik durch ein genügendes Netz von Konzertinstituten und durch andere zweckmässige Einrichtungen zu organisieren, so wird angesichts des enormen italienischen Talents ohne Zweifel Europa sehr bald wieder mit den Italienern in der höheren Instrumentalmusik ebenso zu rechnen haben, wie es das im 18. Jahrhundert schon gethan hat. Aber von Beethoven'scher Art wird in dieser italienischen Orchestermusik der Zukunft wenig zu finden sein: das Land und die Menschen darin müssten denn ein wenig vergletschern. Sie wird weniger gedankenstreng, logisch, systematisch sein, durchschnittlich eine geringere Höhe einhalten. Aber Klarheit, natürliche Grazie und Freiheit der Bewegung darf man von ihr erwarten; Sonnenschein und Licht werden ihr in reicher Menge zu eigen sein.

Von alledem sehr wenig und nur an Nebenstellen in der Sinfonie Martuccis! Sie ist ein Werk der unbedingten Beethovenbegeisterung. Hat ja doch Martucci für das Verständnis Beethovens an seinem Kapellmeisterpult im Saale des Liceo Rossini zu Bologna viel gethan! Was der selige Emil Naumann einmal in übertreibender Weise behauptet hat: alle jungen Komponisten kopierten Beethovens Neunte, das trifft in diesem Falle wirklich zu: Martucci's Sinfonie steht thatsächlich unter dem starken Banne jenes Säcularwerks. An ihm hat sich M's Phantasie entzündet und verzehrt. Dass wir es mit einem hochgebildeten Musiker zu thun haben, der sich auf Arbeit jeder Art versteht, der auch erfinden kann, darüber lässt seine Sinfonie keinen Zweifel. Aber der künstliche Rausch, in dem er im ersten Satze des Werks spricht, wirkt zu stark abstossend. Sein Hauptthema kann für eine Sammlung vorgemerkt werden, in der die grössten Leistungen musikalischen Schwulstes Unterkunft finden sollen. Wir wohnen des Weitern einem Sturm bei, von dessen Ernst uns Nichts überzeugt. Die echten und gesunden Kräfte des Künstlers scheinen auf dem Gebiete des Anmutigen und der Idylle zu liegen. Davon giebt der dritte Satz, eine Art Intermezzo in der Weise von Brahms, das deutlichste Zeugnis. Wenigstens im Anfang. Später wirken auch hier die Gespenster des Tiefsinns mit, wohl um dem Zusammenhang mit dem ersten Satz sein Recht werden zu lassen. Denn das ist ja auch eins der schwierigsten

Probleme der Sinfonie noch und seit Beethoven: Vier kolossale Einzelsätze und dabei doch geistige Einheit! Unter den Mitteln, diese Schwierigkeit zu umgehen, scheint das nächstliegende, dass man keine viersätzigen, überhaupt keine mehrsätzigen Sinfonien mehr schreibt, neuerdings mehr und mehr in Aufnahme zu kommen. Pose und Selbsttäuschung haben bei der Komposition der Martucci'schen Sinfonie ohne Zweifel mitgespielt. Jedenfalls war aber der Verfasser auch, und in erster Linie, von der hohen und patriotischen Absicht geleitet, die Ehre seines Landes zu retten. Dass die Italiener als Nachzügler auftraten war nicht mehr zu ändern, sie sollten nun aber wenigstens, nach Martuccis Meinung, gleich bis zur ersten Stufe vordringen. Sgambati, der mit seiner Ddur-sinfonie vor nun bald zwei Jahrzehnten als der Erste unter seinen Landsleuten nach Deutschland kam, hat mit geringerem Ehrgeiz aber mit grösserer Natürlichkeit gearbeitet. Eine mächtige Förderung hat die italienische Instrumentalmusik von Enrico Bossi zu erwarten. Das darf man auf Grund seiner Orgelkompositionen, noch mehr auf Grund seines (noch ungedruckten) sinfonischen Konzerts für grosses Orchester und Orgel mit Bestimmtheit annehmen.

Eine Sinfonie Beethoven'scher Abkunft aus dem Jahre 1896, bei der Jedermann gern verweilen wird, ist die in Bdur von Fr. Gernsheim. Bei den ersten zwei Sinfonien des Komponisten liegt die Stärke in den sogenannten Mittelsätzen; bei dieser neuen ist der erste Satz der bedeutendste. Nimmt man ihn als Gelegenheitsdichtung im Goethe'schen Sinn, so führt er uns vor eine Stunde merkwürdiger, fast ans Erkranken grenzender Seelenerregung. Ein stattlicher Fond von Kraft und Vertrauen kann uns über den Ausgang vollständig beruhigen. Die Darstellung des pchsyischen Processes zeichnet sich durch Klarheit aus; durch Knappheit soweit es sich um den Bereich der Themengruppe, um die Übergänge handelt, weniger. Wie Martucci, operirt auch Gernsheim nicht gerade zum Vorteil seiner Sache an solchen Stellen viel mit Handgriffen, die Brahms eigentümlich sind. Zwischen den Ecksätzen der Gernsheim'schen Sinfonie besteht eine gewisse Fühlung im Charakter. Im allgemeinen aber giebt sie mehr als andre neue Werke der Gattung Veranlassung über die Berechtigung und Zweckmässigkeit des viersätzigen Aufbaus nachzudenken.

Den Franzosen wird man auf jedem Gebiete menschlicher Thätigkeit ein vollendetes Formtalent zugestehen müssen. Und merkwürdig: sie haben sich von jeher und bis in die neueste Zeit für die viersätzige Sinfonie nicht erwärmen wollen. Die grossen Sinfonien von St. Saëns, César Frank, v. Widor sind heute in der französischen Instrumentalmusik Ausnahmen gerade so gut wie es seiner Zeit die von Berlioz waren. Die ganz überwiegende Masse ihrer Orchesterkomposition steht noch unter denselben Traditionen, denen die Ballets des älteren Muffat und die des Rameau entsprangen. Es sind Charakterstücke gemessnen Umfanges, idealisierte Tänze, Musikstücke einfacher Natur über durch poetisierende Tendenz gehoben. Suite und Programmmusik, letztere bis auf die Berlioz'sche Ausnahme fast immer nur mild und gesittet, — haben daher immer in Frankreich geblüht. Es ist wohl nur ein Zufall, dass das vergangene Jahr auch auf diesem Gebiet in Frankreich einen äusserst schwachen Ertrag geliefert hat. Das Einzige, was wir, um unser statistisches Gewissen zu beruhigen, anführen, sind zwei Sätze für Orchester und Orgel von Guilmant. Das eine heisst: „Adoration", das andere schlechthin „Allegro".

Wir können von ihnen lernen, dass die Franzosen in der Verwendung der Instrumente weniger bedächtig und Neuerungen zugänglicher sind als wir. So giebts aus neuerer Zeit bei ihnen sehr viele Orchesterwerke in denen ohne zu konzertieren, das Klavier mit eingestellt ist, z. B. von Cés. Franck. Im Übrigen gehören diese Kompositionen Guilmants zu denjenigen, bei denen man mit dem Umschlagen nicht ängstlich zu sein braucht. Auf der nächsten Seite kommt Unvorhergesehenes und Neues in der Regel nicht.

Wenn in der Geschichte der neueren Instrumentalmusik etwas wunderbar erscheint, so ist es das Eintreten Russlands. Dass gerade dieses Land, von dem wir auf diesem Gebiete nichts kannten, dem Orchester, Konzerte, alle Vorbedingungen zu fehlen schienen, mit einem Male für die Orchesterkomposition wichtig werden sollte, hatte Niemand erwartet. Und doch seit Glinckas „Kamarinskaja" war über den musikalischen Beruf des Czarenlandes kein Zweifel mehr möglich: es vergingen wenige Jahrzehnte, da hatte es in Sinfonie und Suite die erste Nummer für Fruchtbarkeit. Im vergangenen Jahre hat die russische Schule geschwiegen. Das kann lediglich äussere Gründe haben; es kann aber auch eine Verlegenheitspause sein. Denn dem Bunde, den die jungrussische Schule mit der Sinfonie geschlossen hat, darf man eine sehr lange Dauer nicht zutrauen. Es passt bis zu einem gewissen Grade auf ihn das Bild vom Pegasus im Joch. Das Gedankenmaterial, das die russische Nationalmusik zur Verfügung stellt, ist durch Frische und Temperament köstlich. Es erlaubt auch das Erhabene zu streifen. Aber im Grossen und Ganzen gehört es einer Sphäre der Phantasie an, mit der allein die grossen Formen der Sinfonie nicht auskommen; kaum für die Suite genügt es. Der Einzige, der dem unzureichenden Material doch bedeutende sinfonische Kunstwerke abgerungen hat, war Borodine. Wenn, wie seiner Zeit Gade der skandinavischen, so Tschaikowsky der russischen Nationalmusik in seinen Sinfonien nur sehr bescheidenen Zutritt gestattete, so war das einsichtig und klug. Die Bannerträger der jungrussischen Schule, — César Cui war der Wortführer — haben ihn dafür verhöhnt, das vergangene Jahr hat ihn gerächt. Denn von allen neuen Instrumentalwerken haben die zwei letzten Sinfonien des inzwischen heimgegangenen Tschaikowsky in dieser Zeit wohl den grössten Erfolg gehabt. Die Gedanken, die sie aussprechen, können es dem musikalischen Publikum kaum angethan haben; denn die sind nicht bedeutend, zum Teil gewöhnlich. Aber die Freiheit der Bewegung, die Thatsache, dass hier ein

Künstler vortritt, der ohne künstlich und gewaltsam zu verfahren, selbständig zu gestalten, seine Ideen in eine eigne, passende Form zu fügen vermag — das war es, was die des ewigen Schemas unbewusst müde gewordene Musikwelt überrascht und erfreut hat.

Im Gegensatz zu diesem freien und unabhängigen Charakter der letzten Sinfonien Tschaikowskys steht eine andre grosse Instrumentalkomposition des vergangnen Jahres, die ebenfalls der slawischen Seite angehört: das Cellokonzert von Anton Dvorak. Es hat einen langsamen Mittelsatz über den wohl Spieler und Hörer einer Meinung sein werden. Er bildet eine in der Art Haydns angelegte, mit schöner melodischer Erfindung dargestellte Scene der Andacht und Ruhe. Bewegte Intermezzi unterbrechen dramatisch. Mit Recht hat sich Dvorak auf 3 Sätze beschränkt, denn die Erweiterung des Konzerts auf die viersätzige Form der Sinfonie hat keine ausreichenden Gründe. Sein erster und dritter Satz finden, den bisherigen Beobachtungen nach, aber eine ganz verschiedene Aufnahme bei den Cellisten von Fach und bei den einfachen neutralen Musikern und Musikfreunden. Jene treten für die Arbeit Dvoraks mit Eifer ein, weil alles — diskretes Accompagnement vorausgesetzt — was der Solostimme gegeben ist, auch wirklich herauskommt, weil sie dankbar ist. Die Musiker aber finden die Anlage veraltet. Sie nimmt zuviel Rücksicht auf den Figurenteil, giebt ihm einen Raum, der durch die Bedeutung und Neuheit der ornamentalen Erfindung nicht gerechtfertigt wird. In der That: die Herren müssen in einer merkwürdigen Welt leben, dass sie immer noch ihr Vertrauen auf diese einstimmigen und doppelstimmigen, gerade und im Zickzack, diatonisch oder chromatisch geführten Scalengänge und auf diese durch Wechselnoten und andre Dissonanzen gewürzten Arpeggien setzen! Schade ist es um dieses Konzert Dvoraks: denn es steckt wieder viel Schubert'scher Geist in dieser Musik. Unsre ganze eigentliche Konzertmusik, d. h. die Solospiel mit Instrumentenchor verbindende Komposition, hat sich, schon seit Mozart, allzu fest in das virtuose Gleis verfahren. Das gilt aber von der Cellokomposition ganz besonders. Alle jungen Vertreter des Fachs kann man deshalb nicht entschieden genug auf die wenigen Werke aufmerksam machen, die einen Ausweg zum Vernünftigen zeigen: das Amollkonzert von St. Saëns und die Dmoll-Serenade von R. Volkmann. Noch ernster muss man ihnen aber das Studium des alten Konzerts, des Konzerts bei Händel und Corelli, ans Herz legen. Denn nur durch Zurückgehen auf dessen Methode kann in das ganz unsinnig gewordne Verhältnis zwischen Orchester und Solo wieder Ordnung gebracht werden. Jeder musikalische Gymnasiast bemerkt wie sinnlos in unsrem neuen Konzert das Tutti als Lückenbüsser verwendet wird; aber bis auf vereinzelte Anläufe, — bei Brahms z. B. — scheint bei den Komponisten jede Spur, die auf Erkenntnis und Reform deutet, zu fehlen. Gesundet sein Stil wieder, so wird das Konzert auch in der öffentlichen Gunst wieder die Stellung einnehmen, die ihm nach seiner Wichtigkeit und

Bedeutung gebührt. Es stand ja, wie bekannt, im vorigen Jahrhundert, fast zwei Menschenalter hindurch, an der Spitze der ganzen Instrumentalmusik, an der Stelle die heute die Sinfonie einnimmt. Es war die vornehmste und stärkste Familie unter den verschiedenen Gruppen damaliger Tonkunst. Das Gebiet der sinfonischen Neubildungen hat schon seit längerer Zeit keinen entschiedeneren und — wie zugefügt werden muss — begabteren Vertreter als Richard Strauss. Das vergangne Jahr hat von ihm zwei neue Werke gebracht für (sehr) grosses Orchester, die beide sogenannte Programmmusik entwickeln: Till Eulenspiegels lustige Streiche und Also sprach Zarathustra.

Insofern sie der von Liszt eingeführten Gattung der sinfonischen Dichtungen angehören, veranlassen sie wohl zu einem schnellen Blick nach dem Standpunkt, den Strauss der Richtung an sich gegenüber einnimmt. Da zeigt sich denn, dass die Schule inzwischen freier und selbständiger geworden ist, in der Wahl des Stoffes und in der Wahl der Mittel. Namentlich in letzterer Beziehung haben ja die Programmmusiker ihren Liszt früher aufs unglücklichste und unpassendste kopiert; kaum eine Komposition aus ihrem Kreise in den fünfziger Jahren die ohne Donnerwetter, ohne Sturm und Schrecken verlief und wenn sie das Bild des Friedens selbst geben wollte. Ein drastisches Beispiel für diese Manie bildet das ziemlich unbekannt gebliebene „Wallensteins Lager" von Fr. Smetana, in der über dem obligaten Lärm der talentvolle Melodiker ganz verschwindet. Darüber ist die sinfonische Dichtung bei Strauss hinaus. Einige Gebrechen, die der Gattung angeboren sind, finden sich im „Zarathustra" reicher und empfindlicher als im „Eulenspiegel". Es giebt da erstens mehrere Stellen, bei denen der Zuhörer aus eigner Macht nicht klar darüber wird, was sie „bedeuten" sollen. Das der Partitur vorgedruckte Programm „Zarathustras Vorrede" hilft ihm auch nichts dazu. Denn der Komponist hat in seiner Erfindung weit über sie hinaus und in Nietzsches Buch hineingegriffen. Zweitens giebt sich Strauss dem Vergnügen der Malerei von Naturvorgängen geringfügiger Art (Hahnenkrähen) etwas intensiver hin als es der Geschmack erlaubt. Man kann diese Erscheinungen auf organische Fehler der Programmmusik zurückführen; zum Teil kommen sie aus einem gewissen übermütigen Kraftgefühl des Komponisten. Seine Sturm- und Drangzeit ist noch nicht vorüber; im Gegenteil die Gefühle der Kraftgenialität sind bei ihm augenscheinlich im Wachsen. Von „Tod und Verklärung" steigt die Linie zu „Till Eulenspiegel", von da noch viel mehr zu „Zarathustra". Strauss ist auf eine Revision der heutigen Musik und ihrer Technik und Grammatik aus und stellt da ganz interessante Versuche an, einen der raffiniertesten am Schluss des „Zarathustra": Dieses Stück geht aus Cdur, sein letzter Abschnitt lenkt plötzlich nach Hdur. Wie ein weicher Schleier, sehr schön, fällt diese Tonart über das Vorausgegangene. Jedermann ist auf h dis fis als Schlussakkord gefasst. Aber nein: Gegen das Ende bleibt das h weg, wir hören dis fis mehrmals allein, immer leiser und als es schweigt, geben die Bässe im *ppp*: c, c, c. Hier ist fein auf eine Schwäche des menschlichen Ohres gerechnet. Über solche Scherze wird Strauss hinaus wachsen, er wird auch nicht immer Programmmusik, klare oder unklare, schreiben. Wir dürfen sehr viel von ihm erwarten. Denn in seinen rein musikalischen Fähigkeiten übertrifft er nicht bloss alle Altersgenossen. Auch „Zarathustra", mehr noch aber „Eulenspiegel" beweisen eine eminente Gabe verhältnismässig einfach und doch höchst anschaulich und eindringlich zu erfinden. Diese Themen und Motive in dem Schelmenstück sprechen alle. Sie haben uns darin etwas an eine verwandte und wenig bekannt gewordene Komposition Rubinsteins erinnert, an den „Don Quixote". Die Form ist die des Rondos aber für den Zuhörer nicht gerade bequem geführt; denn Strauss überspringt den Hauptvers mehrmals. Zu der scharfen Charakteristik in der thematischen Erfindung tritt dann eine ebenso gewandte als kühne Contrapunktik, die vom Wagner'schen Stil ausgegangen aber, man kann das wohl nicht verkennen, erfolgreich über ihn hinausgegangen ist. Dazu aber noch eine Virtuosität im Instrumentieren, die im modernen Orchester ihres Gleichen nicht gehabt hat. Wie kennt Strauss die Instrumente! Er darf ihnen deshalb Dinge zumuten, die kein Andrer gewagt hat. Am verblüffendsten und wirkungsvollsten ist seine Behandlung der Hörner und Messinginstrumente. Durchaus schön und dankbar. Und wie das alles klingt! Wahrhaftig: wir haben es hier mit einem Musiker aus dem ff zu thun. Einen Beethoven kann unsre Tonkunst nicht hervorbringen, ebensowenig wie unsre Malerei einen Cornelius. Wir sind in einer Übergangszeit. Aber wenn sich noch solche Kräfte rühren, wie Strauss eine darstellt, so dürfen wir hoffen, dass der musikalische Fonds Deutschlands auch noch der Zukunft und einer ganz neuen Kultur gewachsen sein wird. Aber lasst uns fleissig sein, aufmerksam und nachdenklich! Lasst uns tapfer resigniren und das Talent zusammenhalten!

Kleine Mitteilungen.

Mozarts Wiegenlied.

In der Vierteljahrsschrift für Musikwissenschaft VIII, 1892, S. 275 habe ich den Nachweis zu führen versucht, dass das neben dem „Veilchen" am meisten verbreitete unter Mozarts Liedern, das Wiegenlied:

Schla-fe, mein Prinzchen, es ruh'n Schäfchen und Vö-gel-chen nun nicht von Mozart herrühre.

Ich resümiere aus jenem Aufsatz Folgendes:
1. Der Textdichter des Liedes — er war bis dahin nicht bekannt — ist Friedr. Wilh. Gotter. Unser Gedicht findet sich in Gotters Schauspiel Esther, das i. J. 1795 erschienen ist, also vier Jahre nach Mozarts Tode. Vor diesem ersten Drucke ist das Gedicht nicht veröffentlicht worden.
2. Der Druck der Komposition erfolgte erst 37 Jahre nach Mozarts Tode, und zwar unter den verdächtigsten Umständen. Ein Manuskript von Mozarts Hand oder eine authentische Kopie lag nicht vor. In dem von Mozart selbst verfassten Verzeichnis seiner Werke steht das Lied nicht. Veröffentlicht wurde es zuerst im Anhange von Nissens Biographie Mozarts, die in Leipzig im Jahre 1828 erschien, und zwar heisst es dort im „Verzeichnis der in Mozarts Verlassenschaft gefundenen Fragmente (sic) und Entwürfe (sic), wie es grösstentheils vom Abbé Maxim. Stadler verfasst worden" unter No. 16:

„Ein Wiegenlied in 3 Strophen, mit Begleitung des Pf: Schlafe, mein Prinzchen, schlaf ein etc. Andante F ♯. Es ist ganz mozartisch, naiv, originell und launig. Es ist hier als Beylage zugegeben."

Der Beginn lautet in diesem ersten Drucke:

und der Schluss:

(Man beachte diese gänzlich unmozartischen Verstösse gegen gute Deklamation und musikalische Grammatik!)¹)

Die Unzuverlässigkeit der Vorlage wird durch folgende von Hermann Deiters publizierte Erklärung in ein noch helleres Licht gestellt:

„Indem ich dem Herrn Hofrath J. A. André dieses Musikstück (das Wiegenlied), Abschrift einer Abschrift, mittheile, bezeuge ich, dass hiesige Kenner der Musik, und namentlich W. A. Mozartischer, mir gesagt haben, dass sie dasselbe für W. A. Mozart's Arbeit halten, so wie es auch schon lange von Mehreren dafür gehalten worden sei. Indessen habe ich hinzuzufügen, dass die Schwester des erwähnten Tonsetzers sich nicht besinnt, je darum gewusst zu haben. Salzburg, 28. Febr. 1826.   Nissen, Gatte der Witwe W. A. Mozart's."

Zum Schlusse des oben erwähnten Aufsatzes sprach ich die Hoffnung aus, dass der wirkliche Komponist des Liedes gefunden werden möge. Diese Hoffnung hat sich jetzt erfüllt. Bei einer Durchsicht der musikalischen Schätze der Hamburger Stadtbibliothek stiess ich auf einen ungemein selten gewordenen Musikdruck²) in kleinem Quer-Quartformat mit folgender Überschrift:

Wiegenlied | von Gotter | in Musik gesetzt | von | Flies. | Zu haben bey Böheim | Berlin. | Gedruckt bey G. F. Starcke.

Die Komposition ist keine andere, als die unter Mozarts Namen veröffentlichte. Mit der Lesart Nissens stimmt sie in jedem Betracht überein, auch die Oktavenparallelen finden sich hier, ebenso fehlt die Terz im dritten Takte vor Schluss (s. o.) nur steht im zehnten Takte in der Klavierpassage der rechten Hand ein e statt es, und der Beginn lautet:

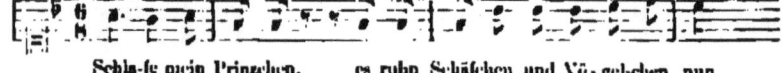

(Also auch hier ist Gotters Rhythmus:
  Schlafe mein Prinzchen, es ruhn
  Schäfchen und Vögelchen nun
gestört, wenn auch nicht in so ungeschickter Weise wie in Nissens Variante.)

---

¹) Die jetzt gebräuchliche bessere Lesart rührt von Gustav Nottebohm her, der in den sechziger Jahren in der Gesamt-Ausgabe von Mozarts Werken jene Fehler aus eigenem verbessert, auf die alte Lesart aber natürlich hingewiesen hat.

²) In dem Sammelbande N D VI 2626a.

Ein Datum trägt die Flies'sche Komposition nicht, indessen läßt sich das Jahr des Erscheinens aus anderen Quellen bestimmen. Zunächst hat Böheim — er ist der Herausgeber der bekannten Sammlung: „Freimaurer-Lieder" mit Melodien vom Jahre 1795, mit der das Flies'sche Lied in Druck und Ausstattung genau übereinstimmt — im Jahre 1798 aufgehört, Musik zu verlegen. Ferner ließ mich kurze Zeit nach dem Funde des Flies'schen Drucks ein Zufall in den Besitz einer alten Handschrift der Komposition — vielleicht des ursprünglichen Autographs — gelangen; die Überschrift lautet: „Wiegenlied von Gotter in Musik gesetzt von Fliess" (sic), und das Manuskript[1]) stammt nach Papier und Schrift sicher aus dem vorigen Jahrhundert. Ganz nahe aber kam ich der Bestimmung des Publikationsjahres durch eine handschriftliche Kopie unseres Liedes, die ich in einem Manuskript-Bande der Erk'schen Bibliothek (Königliche Hochschule für Musik in Berlin) zu finden das Glück hatte. Der Band trägt auf der Außenseite den Namen des früheren Sammlers: C. H. Wiecker, dazu das Jahr 1796, und dieses Datum steht zum Schlusse nochmals verzeichnet. Bei der Überschrift: Wiegenlied heißt es oben rechts ausdrücklich: von Flies.[2])

Über den Komponisten heißt es in Gerbers Lexikon: „Bernhard Flies, unter dessen Namen seit ein paar Jahren verschiedene artige Kleinigkeiten für das Klavier und den Gesang gestochen worden, ist wahrscheinlich der Doctor der Heilkunde, geb. zu Berlin um 1770; ein junger liebenswürdiger Mann von Geschmack und Kenntnissen. In seines Vaters Hause bestand seit einer ganzen Reihe von Jahren wöchentlich ein öffentliches Concert, worin bei vollständigem Orchester mehrere angehende und vollendete Virtuosen und Sänger des kunstreichen Berlins auftraten." Gerber fährt dann fort, er erinnere sich noch mit Vergnügen der drei Konzerte, denen er 1793 im Flies'schen Hause beigewohnt habe; Rolles Oratorium: der Tod Abels wurde dort aufgeführt und die ersten Künstler Berlins traten in Solostücken auf, wobei „der alte würdige Vater des Herrn Doctors, der eigentliche Entrepreneur des Concerts, seinen Platz als Repienist bei der Bratsche vom Anfange bis zum Ende behauptete. Von Flies'schen Werken verzeichnet Gerber ein Lied: Fragen ohne Antwort, 1796 in Berlin erschienen, ferner „6 Canzonette italiane in musica per Cembalo" op. 3, Zerbst 1799, und eine Operette, die 1798 am Berliner Nationaltheater nicht ohne Beifall aufgeführt worden ist. Von Mozart hat Flies das bekannte Menuett aus Don Juan mit Klavier-Variationen in Zerbst 1796 herausgegeben.[3])

Die Schicksale des angeblich Mozart'schen Wiegenliedes sind nunmehr vollständig klar. Flies hat Gotters Wiegenlied kurz nach seinem Erscheinen im Jahre 1795 oder 1796 komponiert und im Drucke veröffentlicht. Seine Melodie hat schnell eine gewisse Beliebtheit gewonnen, sie wurde mehrfach abgeschrieben und wirkte stark auf eine andere Komposition desselben Textes von Fleischmann (die in meinem ersten Aufsatze abgedruckt steht). Eine Abschrift der Flies'schen Komposition ist dann nach Salzburg gekommen. Da die anmutige Melodie an Mozarts Art erinnerte — hatte sich ja doch der Komponist, wie wir bei Gerber lesen, mit dem Don Juan speziell beschäftigt — so wurde sie von den Salzburger „Kennern" ohne Weiteres für ein Werk des Meisters erklärt und als solches im Jahre 1828 herausgegeben, obgleich die beiden starken Verstöße gegen Deklamation und Stimmführung eher auf einen dilettantischen Autor als auf Mozart hinwiesen.

Max Friedlaender.

---

[1]) Ich verdanke es der Freundlichkeit des Herrn Leo Liepmannssohn in Berlin.
[2]) Der interessante Band enthält sonst Abschriften von Musikstücken der neunziger Jahre, z. B. aus Dittersdorfs rotem Käppchen, Mozarts Zauberflöte, Süßmayrs Spiegel von Arkadien, ferner Wenzel Müllers Schneider Kakadu und Mozarts Lied: An Chloe, mit ausdrücklicher Bezeichnung des Autors.
[3]) Ich glaube, der im seinem Tonkünstlerslexikon Berlins Gerbers Notizen abdruckt, setzt noch hinzu, dass der s. Z. bekannte Berliner Arzt Fliess die Vornamen Carl Eduard gehabt habe. Als sein Geburtsjahr galt 1771. Möglicherweise irrt Gerber bezüglich des Vornamens, oder es gab s. Z. zwei bekannte Ärzte namens Fliess in Berlin. — Von den oben angeführten musikalischen Werken von Fliess habe ich trotz mancher Bemühung keines erlangen können.

Gluck und Mozart.

Vielleicht ist die hier folgende Nebeneinanderstellung zweier Melodien, die von Glucks Einfluss auf Mozart einen neuen Beweis geben könnte, von allgemeinem Interesse. Im Göttinger Musenalmanach 1775 publizierte Gluck seine Komposition der Klopstock'schen Ode: Die frühen Gräber. Der Beginn lautet:

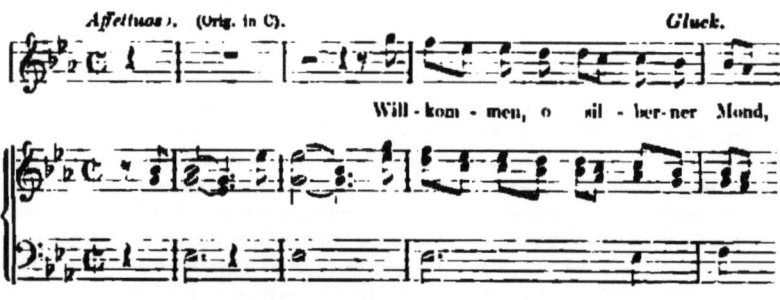

Vergleiche damit den Beginn der Tamino-Arie aus der Zauberflöte (1791):

Max Friedlaender.

Schicksale der Borghese-Musiksammlung.

Die in den letzten dreissig Jahren zum Verkauf gekommenen bedeutenderen Sammlungen theoretischer und praktischer Musikliteratur sind leider fast sämmtlich durch öffentliche Versteigerung der einzelnen Stücke aufgelöst und in alle Richtungen zerstreut worden. So geschah es mit den im Dezember 1892 verkauften überaus reichhaltigen Bücher- und Musikalienbeständen Adrien de la Fages, mit denjenigen Farrencs (1866), Gehrings (1880), Joseph Müllers (1881), Martins (1885) u. s. w. Nur wenige Sammlungen spezieller Musikliteratur, wie z. B. die Ludwig Erks, und von denen allgemeineren Inhalts wohl nur die Bibliothek des berühmten Musikgelehrten Fétis, sind dem Schicksale der Zerteilung entronnen. Eine gleiche Gunst ist der ehemaligen Kollektion des Fürsten Paolo Borghese in Rom leider nicht beschieden gewesen: sie wurde im Mai und Juni 1892 in ihren einzelnen Nummern Meistbietenden zugeschlagen und seitdem von ihrer alten Heimstätte, in der ihr mehr als drei Jahrhunderte hindurch ein sicheres Asyl geboten war, für immer getrennt.

Die Bibliothek Borghese, deren Gründung dem kunstsinnigen Camillo Borghese, der als Paul V. 1605 den päpstlichen Stuhl bestieg, zu danken ist, barg den wertvollsten Schatz der ganzen Sammlung in der Musikabteilung. Obwohl dieselbe nur 300 Bände zählte (die verschiedene Werke enthaltenden Mischbände ungerechnet), so befand sich doch darunter eine so grosse Menge auserlesenster Seltenheiten, dass allein der Erlös dieser Abteilung etwa 45000 Franken betrug. Das Hauptsächlichste des Musikbestandes betraf die weltliche italienische Gesangsliteratur des 16. und 17. Jahrhunderts, nämlich die der Madrigale, des frühesten einstimmigen Kunstgesanges und der ersten Opern. Geistliche Musik und theoretische Schriften dieser Zeit waren nur in kleiner Zahl vertreten. Die Gesammtmenge der dem 16. und 17. Jahrhundert angehörigen Werke belief sich auf 200 Bände, während sich etwa 100 aus dem 18. und dem 19. Jahrhundert fanden. Fast alles lag in vollständigen, wohlerhaltenen Ausgaben vor, sehr vieles sogar in kostbar gebundenen Dedikationsexemplaren.

Etwa 25 Nummern durften, soweit unsere Kenntnis reicht, geradezu als Unica betrachtet werden, da ihre Existenz nirgend anderswo nachgewiesen werden konnte. Wir erwähnen nur „Il terzo libro delle Muse" (1564), das Lautenwerk des „Academico Caliginoso", Landis „La Morte d'Orfeo" (1619), Banchieris „Vivezze di Flora e Primavera" (1622), die „Musiche" Benedettis (1617), Falconieris (1619), Petrattis (1620) und Puliaschis (1628). Und dazu ferner eine grosse Reihe von Musikalien, die sich nur noch in einem oder zwei anderen Exemplaren erhalten haben — wie Caccinis „Fuggilotio musicale" (1613) und desselben „Nuove Musiche e nuova maniera di scriverle" (1614), Boschettis „Strali d'Amore" (1618), Vitalis „L'Aretusa" (1620), Dom. Mazzocchis „La Catena d'Adone" (1626), Cornacchiolis „Diana schernita" (1629), Vittorios „La Galatea" (1639) u. s. w. Ein vollständiges, freilich nicht immer genaues Verzeichnis der Musikwerke enthält der unter dem Titel Bibliotheca Burghesiana bei Vincenzo Menozzi in Rom 1892 erschienene Auktionskatalog.[1]) Die Abteilung Musik umfasst dort den dritten Abschnitt, beziehungsweise die Nummern 4194—4493, die übrigens auch in einem Sonderabzuge zu beziehen sind.

---

[1]) Die unverkauften Nummern, zusammen mit Werken anderer Provenienz, wurden 1893 als „Seconde Partie" der Borghese-Bibliothek abermals als Katalog gedruckt und zur Versteigerung gebracht.

Den nunmehrigen Verbleib aller dieser Werke festzustellen, ist schon deswegen unmöglich, weil das meiste durch den Zwischenhandel aufgekauft und erst auf mancherlei Umwegen in öffentliche Anstalten oder in Privatsammlungen gelangt ist. Dennoch aber ist es dem Verfasser gelungen, von den etwa 200 Bänden der Musikalien aus dem 16. und 17. Jahrhundert, also des wertvollsten Bestandes, den jetzigen Aufenthalt von 128 Bänden zu ermitteln. Dieselben sind fast zu gleichen Teilen in den Besitz des *British Museum* in London, der Bibliothek der *Accademia di S. Cecilia* in Rom und derjenigen des *Conservatoire National* in Paris übergegangen. Endlich liessen sich noch drei weitere Nummern nachweisen, die sich (am Schlusse des Jahres 1896) im Besitze von Antiquariats-Buchhändlern befanden. Die folgende Übersicht enthält nun die notwendigen näheren Aufschlüsse. Sie bezieht sich, um die weitläufigen Titel der Werke zu vermeiden, auf die Nummern des oben erwähnten Auktionskatalogs.

Der Verfasser kann es sich nicht versagen, auch an dieser Stelle für die seinen Anfragen entgegengebrachte freundliche Unterstützung zu danken. Er bittet gleichzeitig, ihm etwaige weitere Nachweise zur Vervollständigung dieses Verzeichnisses zuwenden zu wollen.

London: British Museum. 4194. 4196—97. 4199. 4202. 4208. 4213. 4215. 4217. 4218. 4222. 4226. 4227. 4229—33. 4236—37. 4249. 4253—54. 4258. 4263. 4269. 4272. 4274. 4279. 4280. 4202. 4299. 4305. 4308. 4310. 4315. 4323—24. 4327.¹) 4330. 4342. 4347. 4357—58. 4362. 4366. 4377. 4382. 4385.

Rom: Biblioteca dell'Accademia di S. Cecilia. 4195—96.²) 4203—04. 4206. 4211. 4221. 4225. 4226. 4235. 4238. 4240. 4243. 4245. 4252. 4256. 4260—61. 4277—78. 4286. 4303. 4309. 4311—13. 4316—17. 4327.²) 4332. 4345. 4367. 4370—72. 4376. 4384. 4394. 4395—96.

Paris: Bibliothèque du Conservatoire national de Musique. 4200. 4205. 4207. 4212. 4219. 4234. 4244. 4259. 4266. 4275. 4287. 4293—94. 4296. 4304. 4307. 4318. 4328. 4334—41. 4343. 4346. 4349. 4355. 4365. 4368. 4374. 4380. 4383. 4389. 4392.

Berlin, Antiquariatsbuchhandlung von Leo Liepmannssohn: 4223. 4268.

Venedig, Antiquariat der Firma Leo S. Olschki: 4209.

Emil Vogel.

¹) Nur das zuletzt citierte Werk.
²) Nummer 4196 war doppelt vorhanden.
³) Nur die drei zuerst verzeichneten Werke von Agazzari.

VERZEICHNIS
der
im Jahre 1896 erschienenen Bücher und Schriften
über Musik.

Mit Einschluss der Neuauflagen und Übersetzungen.

Von

Emil Vogel.

*Die mit einem * versehenen Werke wurden von der Musikbibliothek Peters erworben.*

Lexika und Verzeichnisse.

Baker, Theod. A Dictionary of musical terms. New York, Schirmer. 8°, VI 2398. Doll. 1.

Bibliographie théâtrale. Année 1895. (Extrait de l'Annuaire 1895—1896 de la Société des auteurs et compositeurs dramatiques, 17e année.) Paris, impr. Morris. — 8° obl. 95 S.

Bibliothèque* Nationale. Catalogue d'une collection musicale et d'ouvrages divers légués par M. O. Thierry — Poux. [Paris,] Bibliothèque Nationale. — 8°, 50 S. fr. 2.

[**Bonamici, Diomede.***] Bibliografia delle Cronistorie del Teatri d'Italia. Livorno, tip. Levi. — 8°, 22 S.

Bouchot, Henri. Catalogue de dessins relatifs à l'histoire du théâtre conservés au département des estampes de la Bibliothèque nationale. Paris, lib. Bouillon. — 8°, 87 S. fr. 3.

Bühnen-Spielplan, Deutscher —. 1896,97. (No. 1: September 1896.) Leipzig, Breitkopf & Härtel. — 8°. Monatl. 1 No. ℳ 0,75.

Catalogo della biblioteca circolante romantica o musicale di Mantova. Mantova, stab. tip. della Gazzetta. — 8°, 23 S.

Catalogo biografico-musicale dei più noti autori e delle loro più ricercate composizioni. Milano, tip. A. Pigna. — 8°. L. 0,50.

Catalogo delle produzioni teatrali (drammatiche, Operette, Vaudevilles) tutelate dalla società italiana degli autori. Milano, tip. Ant. Montorfano. — 8°, 334 S.

Catalogue d'Affiches artistiques. [Cont. les adresses des artistes dramatiques, des auteurs, des organisateurs de concerts...] Paris, A. Arnould, rue Racine 7.

Catalogue* officiel de l'Exposition du théâtre et de la musique. Paris, impr. Wattier et Co. — 16°, 286 S. fr. 1.

Cerne, Titus. Dictionar de Muzica.. Jasi, stab. grafic „Miron Costin". — 8°. Ersch. in Lieferungen à 70 bani.

Challier, Ernst.* Sechster Nachtrag zum grossen Lieder-Katalog (Juli 1894 bis Juli 1896). Giessen, Challier's Selbstverlag. — 4°. S. 1383—1466. ℳ 3,50.

Couplets-Katalog, Erster, enth.: Couplets, kom. u. heitere Lieder, Soloscenen etc., nach den Textanfängen geordnet. Leipzig, Siegismund & Volkening. — 8°, 79 S.. ℳ 1.

Dreves, Guido Maria. Analecta hymnica medii aevi. (XXII, XXIII: Hymni inediti. Liturgische Hymnen des Mittelalters aus Handschriften u. Wiegendrucken. 5. + 6. Folge.) Leipzig, Reisland. — 8°, 300 S. + 308 S. ℳ 9 + ℳ 9.50.

Elenco* delle opere musicali donate alla Biblioteca della Regia Accademia di S. Cecilia [in Roma] da S. M. la Regina. (Relazione del consiglio direttivo ... a dì 11 Giugno 1895.) Roma, tip. della Pace. — 8°, 30 S.

Frank, Paul. Fremdwörterbuch. (Taschenbüchlein des Musikers I.) Leipzig, Merseburger. — kl. 8°, ℳ 1.

Frati. Luigi. I Corali della Basilica di S. Petronio in Bologna. Bologna, Zanichelli. — 4°, 106 S.

Führer d. d. leitausführbare kath. Kirchenmusik. Regensburg, Boessenecker. — 8°. ℳ 0,40.

Handbuch f. Dirigenten u. Vorstände v. Männer-Gesang-Vereinen zugleich Führer d. d. Männer-Chor-Literatur. Mainz, Kittlitz-Schott & Bieger. — 12°, 106 S. ℳ 1,50.

Heinze, Louis G. A Dictionary of musical terms. Philadelphia, Pa. Chestnut St. 1708.

Hofmeister, F.* Verzeichnis der im J. 1895 erschienenen Musikalien, auch musikalischen Schriften ... 44. Jahrg. od. 7. Reihe 4. Jahrg. Leipzig, · Hofmeister. — 8°, CXLIV u. 418 S. ℳ 16.

Katalog des ev. Kirchengesang-Vereins f. Deutschland. 1. Teil. Herausgeber: Geh. Staatsrat Hallwachs in Darmstadt.

(Lemaire, Théophile.)* Catalogue de la Bibliothèque de M. Théophile Lemaire, professeur de chant. Paris, Sagot. — 8°, 1128.

List of new music, Monthly-. No. 3: Dez. 1896. New-York, Reinhard Volkmann.

Mahillon, Victor-Charles.* Catalogue descriptif & analytique du Musée Instrumental du Conservatoire Royal de Musique de Bruxelles. 2me Volume: Nos 577 à 1321. Gand, Hoste. — 12°, 533 S. fr. 5.

Mathews, W. S. B. and **Emil Liebling.** A pronouncing and defining Dictionary of Music. Cincinnati, the John Church Comp. — 8°, 240 S. Doll. 1.

Matthew, J. E.* The Literature of Music. London, Stock. — 12°, X — 281 S. 4 s. 6 d.

Musikbibliotheken,* Breitkopf & Härtel's historische- f. prakt. Musikpflege. 2. Heft: Musica sacra. Leipzig, Breitkopf & Härtel: — 8°, 62 S.

Orru, G. Piccolo dizionario biografico dei musicisti che hanno fatto parte delle orchestre e bande di Cagliari dall'anno 1830 al 95. Firenze, stab. tip. lit. di Gius. Passeri. — 8°, 151 S.

Parisini, Feder. & Ernesto Colombani.* Catalogo descrittivo degli autografi e ritratti di musicisti lasciati alla Reale Accademia Filarmonica di Bologna dall' Abb. Dott. Massangelo Mascangeli. Bologna, regia tipografia (1881—1896). — 8°, 435 S.

(Radoux, J. Th.)* Musée Grétry fondé en 1882 par J. Th. Radoux. [Catalogue: Novembre 1895.] Liège, Vaillant-Carmanne. — 8°, 31 S.

(Ricordi, Gio.) Catalogo generale delle Edizioni G. Ricordi & Co. Vol. 3. Milano, Ricordi. — 8°, pag. 1579, con indice alfabetico degli Autori.

Riemann, Hugo. Dictionary of Music. Translation by J. S. Shedlock. Part. XI XIV (Reichardt to Zw. and Appendix.) London, Augener. — 8°. Complete 15 s.

Rongnon, Paul. Dictionnaire musical des locutions étrangères. Bruxelles, Breitkopf & Härtel. — 8°, fr. 3.

Rückblick. Statistischer — auf d. königl. Theater zu Berlin, Hannover, Kassel u. Wiesbaden f. d. J. 1895. Berlin, Mittler & Sohn. — 8°, 48 S. ℳ 1,25.

Salvioli, Giov. e **Salvioli, Carlo.** Bibliografia universale del teatro drammatico italiano, con particolare riguardo alla storia della musica italiana. Vol. I, disp. 5 —. Venezia, stab. tip. lit. Carlo Ferrari. — 8°. L. 2, 50 la dispensa.

Schematismus sämtlicher Kapellmeister der k. u. k. österr.-ungar. Monarchie auf d. J. 1896. Wien, J. Chmel. — 8°, ℳ 3.

Stainer, C. A Dictionary of Violin Makers. London, Novello. — 8°, 2 s.

Verzeichnis der besten Vergnügungsliteratur aller Art: Theaterstücke, ... Solosscenen, Lieder, Duette, Terzette, Gesangsaufführungen, Männerchöre, gemischte Chöre ... Mühlhausen in Th., G. Danner.

Vollhardt, Reinhard.* Bibliographie der Musik-Werke in der Ratschulbibliothek zu Zwickau. (Beilage zu den Monatsheften für Musikgeschichte 1893—1896.) Leipzig, Breitkopf & Härtel. — 8°, 299 S. ℳ 6.

Periodische Schriften.

An dieser Stelle werden vom laufenden Jahrgange ab nur die jährlich einmal erscheinenden Publikationen, die neuen, sowie die bisher noch nicht erwähnten Zeitschriften aufgeführt werden. Für alle Übrigen vergleiche man Jahrgang II, S. 62 ff.

The Musical Age. [Vormals „Freund's musical weekly", mit neuem Titel seit 15. Januar 1896.] New York, Harry E. Freund. — Fol. Doll. 4.

Almanach des Spectacles, continuant l'ancien Almanach des Spectacles (1752 à 1815). Année 1895. [Publié par] Albert Soubies. Paris, Flammarion. — 32°, 130 S. fr. 5.

Ami du chanteur, publication hebdomadaire. 1re année, 1896. Dir.: Henri Hazart. Paris, H. Geffroy, boulev. Saint-Germain 222. — 8°, fr. 8.

Les Annales du théâtre et de la musique. 21me Volume (Année 1895). Nouvelle série, 1re année. Dir.: Edouard Noël et Edm. Stoullig. Paris, libr. Berger-Levrault et Cie — 16°, XXIII — 392 S. fr. 3,50.

Annuaire des Artistes et de l'Enseignement Dramatique et Musical et des Sociétés orphéoniques de France & de l'Etranger. Vol. XI, 1896. Directeur-Fondateur: Emile Risacher. Paris, rue Montmartre 167. 1. 2. Ed. — 8°, fr. 7.

Annuaire du Cercle de la critique musicale et dramatique pour 1896. Paris, Balitout. — 18, 24 S.

Annuaire du Conservatoire de musique de Lille pour 1896. Lille, impr. Danel. — 8°, 56 S.

Annuaire du Conservatoire Royal de Musique de Bruxelles. 18e & 19e Vol. (1894—95.) Bruxelles, libr. Ramlot (Gand, Hoste). — 8°.

Annuaire officiel de la Musique en Belgique. Franeries (Belgique), Dufrane-Friart. — 8°, fr. 2,25.

Annuaire de la Société des auteurs et compositeurs dramatiques. T. 4. 2e fascicule. (17e année.) Exercise 1895—1896. Paris, impr. Morris. — 8° obl., S. 187—406.

Annuario del liceo musicale Rossini in Pesaro. Anno XIII (1894—95). Pesaro, stab. tip. A. Nobili. — 16°, 72 S.

Answers, Musical —. With which is incorporated "The Keyboard & Popular Musical Educator". [Published monthly.] Conducted by Farley Newman. Vol. II: May 1896 — April 1897. London, WC. 25, Wellington Street, Strand. — 4°, (à No.:) 2 d.

L'Art lyrique e le Music-Hall. Réd. en chef: Téramond. 1re année. (No. 1: 26 janvier 1896.) Paris, rue Lacroix 34. fr. 8,60.

The Banjo World: A Journal devoted to the Banjo, Mandoline and Guitar. (Published monthly.) Vol. III, 1896. (No. 14: Jan. 1896.) London, W. 59 Piccadilly. — 4°, a. 4.

La Belgique musicale. Organe des Sociétés Instrumentales et Chorales, paraissant tous les jeudis. Première Année (No. 1: le 29 Octobre 1896). Bruxelles, 12 rue du Marché aux Porcs. — Fol. fr. 6.

Blätter für Haus- und Kirchenmusik. Red.: E. Rabich. Jahrg. 1. (No. 1: Dezember 1896.) Langensalza, Beyer & Söhne. — 4°. ℳ 6.

Blätter, Musikpädagogische — hrsg. von Karl Zuschneid. 1. Jahrgang (No. 1: 1. Oktober 1896). Quedlinburg, Vieweg. — 8°. ℳ 4.

Bollettino Ceciliano pubblicato per cura della società ceciliana della Diocesi di Trento. Red.: Riccardo Felini. Anno I. (No. 1: 15 Aprile 1896.) Trento, G. B. Montani.

Bühnen-Spielplan, Deutscher —. 1896/97. (No. 1: September 1896.) Leipzig, Breitkopf & Härtel. — 8°. Monatl. 1 No. à ℳ 0,75.

Caecilia. Vereinsorgan des amerikanischen Caecilien-Vereins. Monatsschrift f. kath. Kirchenmusik. 21. Jahrg., 1896. Red. John Singenberger. Milwaukee (Wisconsin), J. Singenberger.

Cäcilia. 18e Vol. Année 1896. Réd.: J.Gurtler. Boncourt (Suisse), Gurtler.—12°.

Cécile s. Sainte Cécile.
Chronique musicale trimestrielle. No. 1: Avril-Juin 1896. Nice, Docourcelle.
Concertina- u. Bandoniou-Zeitung, Allgemeine —. 1. Jahrg. (Aug. 1895 — Sept. 96.) Red.: W. Böttcher. Leipzig-Eutritzsch, A. Bauerfeld. — 4°. ℳ 3.
Le **Courrier** de St. Grégoire. 8° Vol. Année 1896. Red.: Abbé Dirven (Saint-Trond). Liège, P. Basque. — 4°, fr. 3,60.
Courrier des théâtres, journal hebdomadaire. 1re année (No. 1): 12 septembre 1896). Bordeaux, impr. V. Riffaud (16, rue Saint Siméon). — Fol. fr. 8.
Critique théâtrale, revue des théâtres. 1re Année (No. 1: Mars 1896). Paris, rue du Croissant 8. — fr. 5.
La **Cronaca** Musicale. Anno I (no 1: 18 febbraio 1896.) Direttore responsabile: Tancredi Mantovani. Pesaro, stab. tip. Annesio Nobili. — 8°, 12 fasc. L. 8.
Diary, The Organist and Choirmaster's — for 1897 compiled by Ralph Hindle Baker. London, Sampson Low. — 8", 2 s. 6 d.
Directory,* The Musical —. Annual and Almanack. 1896. (44th annual issue.) London, Rudall-Carte & Co. — 8°, 392 S. 3 s.
Directory, Reeves' Musical — of Great Britain and Ireland for 1896. London, Reeves. — 8°, 384 S. s. 3 d. 6.
The **Dominant**, a monthly musical journal. Vol. IV: 1896. Philadelphia, Pa. 1016 Chestnut Street. — Fol. Doll. 1.
Dur und Moll. Eine musikalische Monatsschrift. 1. Jahrg. (Okt. 1896 — Sept. 1897.) Leipzig, A. H. Payne. — 4°. ℳ 12.
Echo des concerts. No. 1: 30 octobre 1896. Neuilly-sur-Seine, impr. Chaussan et Co. 52 bis, rue Jacques-Dulud. — 4°.
L'**Entr'** Acte, organe du théâtre et des concerts. 1re année: Saison théâtrale 1895—1896. Boulogne sur Mer, impr. Battez, rue Monsigny 20. — fr. 3.
La **Falote**: periodico bimensile, artistico, teatrale. Anno 1, N° 1: 20 Dicembre 1896. Dir.: G. Andisio. Torino, tip. industriale. (Via Cavour 20.) — 8°, L. 3,50.
Il **Falstaff** melodrammatico. Dir.: Fulvio Fulgonio. [Esce 3 volte al mese.] Milano, agenzia Villa.

Fédération musicale de France... Bulletin officiel. Mensuel. 2e Année: 1896. Red. en chef: Th. Groussot. Bourges, 2 place Clamecy. — 4°, fr. 12.
Gazette des concerts, journal artistique hebdomadaire. No. 1: du 18 au 24 octobre 1896. Paris, impr. Dangon, 123 rue Montmartre. — 4°, fr. 10.
Gazzetta musicale e drammatica. Vol. I: 1896. Roma.
Guia musical. Dir.: D. G. J. Llompart. Vol. I: 1896. (Num. 1: Marzo de 1896.) Barcelona, Rafael Guardia. — 8°.
„**Harmony.**" Published monthly. Vol. II, 1896. New York, University Place 21. — 4°, cts. 50.
Ircos, rivista letteraria, artistica, teatrale. Anno I, n° 1 (15 marzo 1896). Dir.: R. Carpentieri. Napoli, tip. del Diogene. — 4°.
Jaarboekje voor Musici 2e jaarg., samengesteld door M. H. v. 't Kruijs. Rotterdam, Wenk & Birkhoff. — 8°, fl. 0,75.
Jahrbuch des k. k. Hof-Operntheaters in Wien. Hrsg. f. Neujahr 1896 v. Souffleur Ferd. Hirt. Wien. (Leipzig, Literar. Anstalt, A. Schulze.) — 8°, 82 S. ℳ 1,60.
Jahrbuch,* Kirchenmusikalisches - -. 1896. Elfter Jahrgang. (21. Jahrg. des früheren Cäcilienkalenders.) Herausgegeben von Dr. Fr. X. Haberl. Regensburg, Pustet. — 8°, 132 S. ℳ 2.
Jahrbuch* der Musikbibliothek Peters f. 1895. 2. Jahrgang, herausg. v. Emil Vogel. Leipzig, Peters. - - gr. 8°, 82 S. ℳ 3.
Jegegodnik Impernt. Teatrof. (Jahrbuch der kaiserl. Theater, Red.: A. E. Moltschanoff.) St. Petersburg, Tip. d. kais. Theater.
Journal, The monthly — of the incorporated society of musicians. Vol. VIII, 1896. London, W. Berners Street 10. — 4°, s. 8.
Le **Journal*** musical, Bulletin international critique de la Bibliographie Musicale. Vol. I. 1896. (No. 1: Mai 1896.) Dir.: Baudouin — La Londre. Paris, rue Saint-Joseph 11 (Fischbacher, rue de Seine 33). — 8°, fr. 7.
Journal, The Musical —. Published monthly by Fred. W. Peabody. Amesbury, Mass. 125 Main St. — 4°, 50 cents.

Journal des musiciens... paraissant le 15 de chaque mois. 1re année. No. 1: 15 octobre 1896. Gien, Impr. générale. Montargis, 9, place de la République. — Fol. fr. 4.

Kalender-Almanach, Musikalischer — für 1896. (Russischer Text.) St. Petersburg. Verlag der Russkaja muz. Gazeta (tip. Findeisen). — kl. 8°, 160 S.

Katholikus Egyházi Zeneközlöny. (Organ für kath. Kirchenmusik. Ungarischer Text.) Vol. 3, 1896(No. 1: Dezember 1895). Red.: J. Kutschera. Budapest, Leopoldplatz 9.

Kunst, Dresdener —. Red.: Fr. Ad. Geissler. No. 1: Oktober 1896. Dresden, Rost. — 8°. ℳ 1,50.

The Leader, a monthly magazine devoted to Music. Boston, Washington Street 226. — 4°, doll. 1,25.

La Lyre chrétienne. Revue tri-semestrielle des nouveautés musicales et dramatiques... Dir.: Chagnon-Auclert. Versailles, 7, rue St. Simon. — 8°, fr. 2.

Il Mandolinista italiano. Giornale musicale-letterario. Dir.: E. Jenna. Milano, 9 via Cappellari. — 4°, fr. 7.

Il Mandolino, giornale letterario-musicale. (Esce il 15 ed il 30 d'ogni mese.) Anno V: 1896. Direttore Editore responsabile: G. Monticone. Torino, via Po 38. — kl. Fol.° L. 7.

Melody, a musical magazine. [Vol. I, 1896.] Published by C. Arthur Pearson. London, W. C. Henriettastr. — 4°.

Messenger, The Musical — a monthly magazine. Vol. VI: 1896. Cincinnati, 119 West Sixth Street.

The Minim, a [monthly] musical magazine for the Midlands and West of England. [Vol. II: Oct. 1895 — Sept. 1896.] Cheltenham, Handel Hall. (London Office: 71, Great Queen St., Holborn, W. C.) — 4°. 1 s. 6 d.

Montevideo Musical. Año XII, 1896. Director: Fr. Sambucetti. Montevideo, Soriano 93. — Fol. Suscricion ann. Doll. 2,40.

Music. A monthly journal devoted to the Art & Trade. Vol. 1: 1895/96. (No. 1: Nov. 1895.) Published by the proprietors Polsue & Alfieri. London, E. C. Fleet Street 149. — 4°, s. 3.

Musica, La nuova —. Vol. I, 1896. (No. 1: 31 Gennaio 1896.) Direttore-Proprietario: Prof. E. del Valle de Paz. Firenze, via dei Conti 10. — Fol. L. 10.

La Música religiosa en España. Boletin mensual. Año I. (Núm. 1: Enero 1896.) Dir.: Felipe Pedrell. Madrid, Secretaria de Cámara, Palacio Episcopal Calle de San Justo 2. — 8°, fr. 8.

Musica sacra, revue de chant d'église et de musique religieuse, bulletin de la société de Saint-Grégoire établie en Belgique ... 15me Année, 1895/96. L'administration: Van Damme, professeur au Grand-Séminaire de Gand. Gand, impr. de C. Poelmann. — 8°, fr. 6.

Musica Sacra. Revue mensuelle du Chant liturgique et de la musique religieuse. Fondateur: Aloys Kunc. Directeur: Pierre Kunc. Toulouse, 8, rue Mage. — 8°, fr. 8.

The Musician. A monthly publication devoted to the educational interests of music. Edited by Arthur L. Manchester. Vol. I, 1896. Philadelphia, Hatch Music Company. — Fol. Doll. 1.

Musik- u. Concert-Anzeiger. I. Jahrg. Sept. 1896—97. (Erscheint von Sept. — Mai einmal wöchentlich.) Hannover, Chr. Bachmann. — 8°. ℳ 4.

Musik- u. Theater-Rundschau. Hrsg.: Felix Faith. Red.: Rud. Carlo. Febr. 1896 — Febr. 1897. Wien, Rembrandtstrasse 37. — 24 Nrn. 4°. ℳ 10.

Musik-Zeitung, Deutsche — und Sängerblatt. I. Jahrgang, 1896. Altona, Höner. — 4°.

Musikerheim. Wochenblatt f. d. Interessen d. Musikwelt. I. Jahrg. Sept. 1896—97. Magdeburg, Teuchert & Heyde. kl. Fol. ℳ 1.

Musik-Kalender, Illustrierter —. IV. Jahrg.: 1897. Bremen, Praeger & Maier.

Musiker-Kalender, Allgem. Deutscher — f. 1897. 19. Jahrg. 1. 2. Teil. Berlin, Raabe & Plothow. — kl. 8°, 155, 432 + 64 S. ℳ 2.

Musiker-Kalender, Max Hesse's Deutscher — f. d. Jahr 1897. 12. Jahrg. Leipzig, Hesse. — kl. 8°, 496 S. ℳ 1,50.

La Musique à Paris (1895—1896) par Gustave Robert. (2e année.) Paris, Fischbacher. — 18°, 300 S. fr. 3,50.

Mavészeti Lapok. (Blätter für Musik. Ungarischer Text.) 3. Jahrg. 1896. Red.: Jul. Kéry u. A. Merkler. Budapest, Rozsavölgyi. — 8°.

Muziekkalender, Nederlandsche —. Uitgave van „De Haagsche Boekhandel". — 8°.

Muzyka Kościelna. (Kirchenmusik. Polnischer Text.) 16. Jahrg. 1896. Red.: Dr. Jos. Surzynski. Posen, Leitgeber.

Nachrichten, Muenchner Musikalische —. Herausgeber: F. Kaim u. W. Seyboth. III. Jahrg. 1896—97. München, Daube & Co. — 4°. ℳ 4.

Le Néochorisme, revue trimestrielle de la traduction musicale et de l'harmonisation du plain-chant. 3me Année: 1896. Directeur-Gérant: L'abbé A. Teppe. Saint-André, près Bourg (Ain), chez le directeur. 8°, fr. 5.

Neujahrsblatt (84.) der allgemeinen Musikgesellschaft in Zürich auf d. J. 1896. (O. Löning: Franz Liszt.) Zürich, Füssli & Beer. — 4°, 25 S. ℳ 3.

Nickerson's illustrated Church and Musical Directory of New York and Brooklyn. New York, Nickerson & Young, 156. Fifth Ave.

The Nonconformist Musical Journal. A monthly record and review. Edited by E. Minshall. No. 97: Jan. 1896. London, E. C. 14, Fleet Street. — 8°, s. 2. d. 6.

The Orchestral Association Gazette. Published monthly. No. 28: Jan. 1896. London, W. C. 5, York Buildings, Adelphi. — 8°, s. 2. d. 6.

The Organists' Journal. A monthly magazine for Organists and Organ Students. Philadelphia, Hatch Music Company. — Fol.

L'Ouest Artiste. Hebdomadaire. Réd.: Et. Destranges. Nantes, 10 rue du Calvaire. — 4°, fr. 7.

Pacini, Giovanni. Numero unico. Pescia, tip. E. Cipriani.

Paris — Piano. Bibliothèque musicale bimensuelle. 5e année: 1896. Dir.: René Godfroy. Paris, 21, rue Denfert-Rochereau. — 4°, fr. 7.

The Pianist and Organist. A monthly musical magazine. Vol. 2: 1896. New York City, 168 East 16th Street. — Fol. Doll. 1.

Piano, Le Petit —. Grand Journal de Lecture Musicale. (Supplement musical à la Mode Illustrée.) Troisième Année: 1896. Réd. en Chef: J. Philipp. Paris, Firmin-Didot & Cie (56 Rue Jacob). — Fol. fr. 15.

Piano-Soleil, grand Journal musical, hebdomadaire. Le Gérant: J. Rebuffy. Paris, 23 rue Louis-le-Grand. — Fol. fr. 12.

Poncet, Le petit —. Journal des concerts militaires. 2e année: 1896. Dir.: N. Bourgès. Neuilly-sur-Seine, Avenue du Roule. — 16°.

The Presto Year Book for 1895—96. Twelfth Year. Chicago, The Presto Co., Dearborn Str. 324. — Fol. 168 S. 25 Cents.

Le Progrès artistique. Musique, Théâtres. Beaux-Arts... Fondateur: Victor Souchon. Réd. en chef: Maurice La Rivierre. Paris, 12, rue Martel. — 4°, fr. 15.

The Quarto: an Artistic, Literary, and Musical Quarterly for 1896. (Vol. I.) London, Virtue. — 4°, s. 5.

La Quinzaine musicale. 2e Année: 1896. Dir.: W. Smyth. Réd. en chef: H. Eymieu. Paris, Boulant-Ladam, 40, passage du Havre. — 4°, fr. 8.

Revue du chant Grégorien. Parait le 15 de chaque mois. 4me Année, 1895,96. Réd.-administrateur: le chanoine P. Paret. Grenoble, rue Paul-Bert 2. — 8°, fr. 5.

Revue qui chante et qui pique, mensuelle. Nancy, 35, rue Saint-Jullien. (Malzéville, impr. Thomas).

Revue des sociétés artistiques, organ spécial des sociétés dramatiques, lyriques... 1re année. No. 1: du 15 septembre au 1er octobre 1896. Paris, impr. Guédan, 28 rue des Blancs — Manteaux. — 8°.

Rundschau, Allgemeine musikalische —. 1. Jahrg. (1896-97, No. 1: 3. Oktober 1896.) Redaktion: Emil Hugger. Berlin, Rühle & Hugger. — Fol. ℳ 4.

Rundschau, Neue musikalische —. 1. Jahrg. Oct. 1896— Sept. 1897. (No. 1: 1. Oktober 1896. Erscheint 2mal im Monat.) Hrsgeb.: Hermann Teibler. Red.: Rich. Batka. Prag, Selbstverl. d. Herausgebers, Exped.: Löwit & Lamberg. — 8°. ℳ 4.

Sänger-Zeitung, Deutsche —. Red.: Kurt Sachisthal. Oktbr. 1896—Septbr. 1897. 24 Nrn. Berlin, E. Janetzke. — 8°. ℳ 3.

La Scène égyptienne, journal théâtral. Alexandrie, Hoffmann (?).

The Song Journal ... published monthly. Vol. XVII — 1896. Editor: J. C. Wilcox. Business Manager: Harry M. Haigh. Detroit (Mich.), The Song Journal Publishing Co. (Rowland Str.) — Fol. Doll. 1.

Spiew Kościelny (Kirchengesang). (Polnischer Text.) Red.: Teofil Kowalski. Warschau, Kowalski.

Strings. The Fiddler's Magazine. [Bis Januar 1896:] The Musical Magazine. The official organ of the guild of violinists, London. [Published monthly.] Edited by Andre La Tarche. Vol. III: March 1896 — Febr. 1897. London, E. C. 11, Ludgate Hill. — 8°, s. 3.

Studio, Winder's Musical — and Workshop. Devoted to the Banjo, Mandoline, Guitar, Zither, &c. Vol. I: 1896. Published by J. G. Winder. London, N. W., Kentish Town Road 14ᵃ. — 8°, 1 s. 3 d.

Tage-Buch der königl. sächs. Hoftheater v. Jahre 1895 ... v. Fr. Gabriel u. L. Knechtel. 79. Jahrg. Dresden, Warnatz & Lehmann. — 8°, 98 S. ℳ 2.

Tam-Tam Almanach für 1897. X. Jahrgang, hrsg. v. Jos. Alex. Seebaum. Chicago, Selbstverlag.

Theater-Almanach, Neuer —, 1897. Theatergeschichtliches Jahr- u. Adressen-Buch. Hrsg. v. d. Genossenschaft deutscher Bühnen-Angehöriger. 8. Jahrg. Berlin (Günther & Sohn). — 8°, XVI—712 S..ℳ 6.

Der Theater-Courier. Wochenschrift f. Theater, Musik ... 3. Jahrg. 1896. Red.: Edm. May. Hannover, Nicolaistr. 18 b. — Fol. ℳ 10.

Théâtre illustré, journal hebdomadaire, artistique ... 1ʳᵉ année. No. 1: 10 octobre 1896. Angers, impr. Roulière, rue Voltaire. — 4°.

Tijdschrift d. Vereeniging v. Noord-Nederlands Muziekgeschiedenis. Deel V, 2ᵉ Stuk. Amsterdam, Muller.

Tonkunst, Moderne —. Monatsschrift f. d. Musikwelt. 3. Jahrgang, 1896. Red.: Max Wagner. Berlin, Scheithauer. — Fol. ℳ 2.

The Troubadour with which is incorporated „The 'Jo", a chronicle of Banjo, Guitar, and Mandoline News. (Monthly publication.) Vol. III, 1896. Bournemouth (England), Barnes & Mullins. — 4°.

La Verità, rivista artistica internationale, teatri, concerti. Dir.: Ant. Buzzi. Anno I, nᵒ 1: 21 ottobre 1896. Torino, tip. Spandre e Lazzari. — Si pubblica il 10, 20 e 30 d'ogni mese. L. 10.

Vierteljahrs-Schrift, Kirchenmusikalische-. Red.: Balthasar Feuersinger. XI. Jahrg. (1. Heft: März 1896.) Salzburg, Mittermüller. — 8°.

The Violin World. A monthly journal. 4ᵗʰ Year. Vol. IV. (Sept. 1895—Aug. 1896.) B. H. A. Hofmann, Editor. New York, 13 East 16 th Street. — gr. 8°, Doll. 1.

Volksgesang, Der —. IV. Jahrgang: 1897 (No. 1: 1. Dez. 1896.) Red.: Dr. Karl Nef. St. Gallen, Zweifel & Weber. — Fol. (Erscheint am 1. u. 15. jedes Monats.) fr. 4.

Werners' Magazine. A Monthly devoted to vocal and physical expression. Vol. XVIII (18ᵗʰ Year): 1896. New York, 108 Eat 16th street. — 8°, 2 d. 48 cents.

Winkler's Musical Monthly. Vol. II, 1896. Kingston (Jamaica), Winkler & Co. — Fol. s. 5.

World, The Theatrical — of 1895 by William Archer. Third year of issue. London, Walter Scott. — 8°, 486 S. 3 s. 6 d.

The Year's Music 1896: being a concise record of British and Foreign Musical Events, Productions, Appearances, Criticisms, Memoranda, &c. [Vol. I.] London, Virtue & Co. — 8°, 364 S. 2 s. 6 d.

The Zither World, edited by G. Pederzani von Gumer. London, W. 22, Glasshouse Street, Regent Street. — 4°.

Geschichte der Musik.

Accademia filarmonica di Casale Monferrato: statuto sociale. Casale, tip. Casalese. — 8°, 13 S.

Banda municipale di Casalecchio di Reno: statuto. Bologna, stab. tip. Zamorani e Albertazzi. — 16°, 14 S.

Barberi, C. de - - Sul Melodramma. Palermo, Gaudiano. — 8°.

Basile, G. B. F. Il Teatro massimo Vittorio Emanuele in Palermo. Palermo, Reber. — Fol. L. 30.

Bellafante, Ary. Muziekgeschiedenis. 1. 2. deeltje. Amsterdam, Delsman & Nolthenius.

Bergoer. Heinr. Zur Glockenkunde Thüringens. (Aus: Mitteilungen d. geschichts- u. altertumsforsch. Vereins f. Kahla u. Roda.) Jena, Strobel. — 8°, 104 S. .# 2.

Bienemann, Fr. Dorpater Sängerbünde 1812—16. Reval, Kluge. — 8°. .# 2,50.

Blasco, Francisco Javier. La Musica en Valencia. Apuntes históricos. Alicante, Imp. de Sirvent y Sanchez. — 4°, 102 S. e Indice.

Boghen-Conigliani, Emma. Le Origini del Melodramma. Rocca S. Casciano, Cappelli. — 16°, 30 S.

Bottacchi, Gius. Civico istituto musicale Brera in Novara: relazione nell' occasione del saggio pubblico datosi ... il 14 maggio 1896. Novara, tip. lit. Novarese. — 8°, 22 S.

Breton, Tomás. Discurso leido ante la Academia de Bellas Artes de San Fernando: el dia 14 de Mayo de 1896. Barcelona, Berdos. — 8°.

Brightman, F. E. Liturgies, Eastern and Western: being the Texts original or translated of the principal liturgies of the church. (On the basis of the former work by C. E. Hammond.) London, Clarendon Press (Henry Frowde). — 8°, s. 21.

Burada, T. O calatorie in Satele Romînesti din Istria. (Rumänischer Text.) Jassy, libr. T. Maximovici. — 8°, 141 S. Lei 2.

Cameroni, Agostino. Musica e Dramma („Idea Nuova", Ott. 1896.) Faenza, tip. dell' „Idea Nuova".

Cappelli, G. Compendio di Storia Musicale dall'epoche piů remote fino all'anno 1895. Firenze, Lapini. — 8°.

Carlez, Jules. La Société philharmonique du Calvados. Caen, Delesques. — 8°, 64 S.

Cesari, Pietro. Historia y teoria de la musica. Valparaiso, pr. l'autore.

Circolo dilettanti mandolinisti e chitarristi di Varese: statuto sociale. Varese, tip. Macchi e Brusa. — 8°, 8 S.

Circolo filarmonica albinese: statuto sociale. Bergamo, stab. tip. Corti e Ronzoni. — 16°, 12 S.

Circolo mandolinistico Bellini in Piacenza: statuto e regolamento. Piacenza, tip. Gius. Tedeschi. — 16°, 8. 13.

Circolo mandolinistico felsineo: statuto. Bologna, tip. Economica. — 8°, 16 S.

Collection des auteurs grecs relatifs à la musique. V: Alypius et Gaudence (traduits en français pour la première fois); Bacchus l'ancien. Traduction entièrement nouvelle ... par Ch.-Emile Ruelle. Paris, Firmin-Didot et Cⁱᵉ — 8°, XV—141 S.

Combarieu, Jules. Etude de philologie musicale. Théorie du rythme ... d'après la doctrine antique, suivie d'un essai sur l'archéologie musicale au XIXᵉ siècle et le problème de l'origine des Neumes. Paris, Picard. — 8°, 196 S. fr. 12.

Compte rendu du congrès diocèsain de musique religieuse et de plain-chant tenu à Rodez les 22, 23 et 24 juillet 1895. Rodez, Carrère. — 8°.

Conservatorio, R. — di musica di Parma: statuto. Parma, tip. Giacomo Ferrari. — 8°, 16 S.

Consorzio filarmonico cividalese Jacopo Tomadini: statuto. Cividale, tip. Gio. Fulvio. — 16°, 15 S.

Corpo di musica cittadina di Domodossola: regolamento. Domodossola, tip. Porta. — 8°, 13 S.

Corpo musicale di Avola: regolamento. Avola, tip. Eug. Piazza. — 16°, 20 S.

Corpo musicale Principessa Elena in Pratolino: statuto. — Firenze, tip. Cooperativa. 16°, 8 S.

Corpo musicale di Volciano: regolamento. Salò, tip. Bortolotti. — 8°, 11 S.

Cui, Cesar.* Russkij Romanse. Otscherk jego razwitija. (Die Entwicklung der russischen Romanze.) St. Petersburg, Typ. N. Findeisen. — Kl. 8°, 209 S. u. Index.

Desrat, G. Dictionnaire de la danse, historique, théorique, pratique et bibliographique, depuis l'origine de la danse jusqu'à nos jours. Paris, May et Motteroz. — 12°, fr. 5,50.

Dnyse, Flor. van — La Chanson (lied) profane française et flamande dans les provinces belges, du XI° siècle jusqu'à nos jours. Bruxelles l'impr. de l'Académie (F. Hayez).

Emmanuel, Maurice. De saltationis disciplina apud Graecos, thesim Facultati litterarum Parisiensi proponebat —. Paris, Hachette. 8°, XIX — 101 S.

Emmanuel, Maurice. La Danse grecque antique d'après le monuments figurés. Paris, Hachette. — 8°, fr. 15.

Eymieu, Henry. La Musique de Chambre. Troisième recueil Année 1895: Séances musicales données dans les salons de la maison Pleyel, Wolff et C°. Reproduction des programmes. Étude analytique. Paris, imp. Gautherin, 22, rue Rochechouart. — 8°, XXXI — 238 S.

Farmer, John S: Muss Pedestris: Three Centuries of Canting Songs and Slang Rhymes (1536—1896). London, Farmer. — 4°, 261 S. 10 s. 6 d. (Privatdruck.)

Ferretti, Jacopo. Una conferenza inedita sulla storia della poesia melodrammatica romana, con note di Alberto Cametti. Pesaro, Stab. Nobili. — 8°.

Festzeitung zum V. deutschen Sängerbundesfest, Stuttgart 1.—3. Aug. 1896. Hrsg. vom Fest-Ausschuss. Stuttgart, H. Wildt. — Fol. 16 S. ℳ 1.

Friedlaender, Max.* Goethes Gedichte in der Musik. (Goethe-Jahrbuch, XVII. Bd.) Frankfurt, Literar. Anstalt. — 8°. 19 S.

Gaudefroy, A. L'Orchestre et Choeur d'Amateurs de Lille. Lille, impr. du Nouvelliste. — 8°.

Gaudefroy, A. La Société des Orphéonistes Lillois Crick-Monils. Lille, impr. du Nouvelliste. — 8°, 136 S.

Gevaert, F. A.* La Mélopée antique dans le Chant de l'Église Catholique; second appendice. Gand, Hoste. — 8°, 40 S., fr. 2.

Gevaert, F. A. La Musique, l'art du XIX siècle. (Discours prononcé dans la séance publique de la classe des beaux-arts de l'Académie r. de Belgique le 3 nov. 1895.) Gand, Hoste. — 8°.

Harmann, Dulcie. Musical Japan. London, Sampson Low. — 4°. s. 3½.

Heink, Felix. Lectures on the Origin, History and Function of Music. Cincinnati, the John Church Company.

Hipkins, A. J. A Description and History of the Pianoforte and of the older keyboard stringed instruments. London & New York, Novello. — 8°. 128 S. s. 3.

Historique de l'Harmonie chartraine, exsociété chorale et fanfare, de 1855 à 1895. Chartres, imp. Durand. — 8°, 37 S.

Horder, W. G. Treasury of American Sacred Song. London, Frowde. — 8°, 400 S. 10 s. 6 d.

Kalkbrenner, Th. A.* Die Königl. Preussischen Armee-Märsche. Leipzig, Breitkopf & Härtel. — 8°, 82 S. ℳ 1,50.

Kennedy, H. Die Zither in der Vergangenheit, Gegenwart und Zukunft. Tölz (Oberbayern), F. Fiedler. — 8°. ℳ 2,40.

Köhler, Carl. Volkslieder v. d. Mosel und Saar. Mit ihren Melodien. 1. Bd. Halle, Niemeyer. — 8°. VII, 474 S. ℳ 10.

Krome, Ferd.* Die Anfänge des musikalischen Journalismus in Deutschland. (Inaugural-Dissertation.) Leipzig, Pöschel & Trepte. — 8°, 72 S. ℳ 2.

Kuhlo, Franz. Über melodische Verzierungen in der Tonkunst. (Inaugural-Dissertation.) Charlottenburg.

Laloue, Jules. Le Clavecin vers 1887—1895. (Bibliothèque artistique et littéraire, Paris.) Annonay, impr. Royer. — 16°, 115 S.

Lefranc, Paul. A travers l'Exposition du théâtre et de la musique (juillet—novembre 1896): sa description, ses attractions, et les principales choses qu'il faut voir. Paris, impr. P. Dupont. — Fol., 8 S., fr. 0,25.

Lemaître, Jules. Impressions de théâtre. (9° série.) Paris, Lecène. — 18°, 400 S.

Liceo musicale Rossini di Pesaro: statuto organico e regolamento. Pesaro, stab. tip. A. Nobili. — 4°, XVI u. 74 S.

Livi, Giov. I Liutai Bresciani: nuove ricerche. (Estratto dalla „Gazzetta Musicale.") Milano, Ricordi. — 16°, 69 S. L. 1.

Lozzi, Carlo. La Marsigliese degli Italiani e la Marcia Reale. Milano, Ricordi. — 16°, 35 S. L. 1.

Luckock, H. M. The Divine Liturgy: being the order of the administration of holy communion, historically . . . set forth. New edit. London, Longmans. — 8°, 442 S. 3 s. 6 d.

(Mâcon.) Le grand orgue de l'église cathédrale Saint-Vincent de Mâcon. Mâcon, libr. Humbert. — 8°, 23 S., fr. 1.

Madeira, L. C. Annals of Music in Philadelphia, and History of the Musical Fund Society. Philadelphia, edited by Philip H. Goepp. — 8°. 10 s. 6 d.

Martin, Jules. L'Opéra à Paris, nouvement musical de 1830. Paris, Alcan (?).

Mayer, F. Arnold u. **Heinr. Rietsch.** Die Mondsee-Wiener Liederhandschrift u. der Mönch von Salzburg. (Aus: „Acta germanica.") Berlin, Mayer & Müller. — XVI — 570 S. ℳ 18.

Minstrelsie, English — : a National Monument of English Song, collated . . . by S. Baring-Gould. [8 Bde.] Vol. I — VI. London, Jack.

Müller, Hans. Die königl. Akademie der Künste zu Berlin 1696 bis 1896. Berlin, R. Boug. — 4°, VI — 204 S. ℳ 25.

Naumann, Emil. Geïllustreerde Muziekgeschiedenis. (Vrij naar het Hoogduitsch) door J. C. Boers. 's Gravenhage, Joh. Ykema. — 8°, 2 vol. fl. 15,90.

Naumann, Emil. Wseobstschaja istorija muziki. (Allgemeine Musikgeschichte, libers. von Nic. Findeisen. Lieferung 1, 2, 3.) St. Petersburg. F. v. Szczepansky.

Naylor, E. W. Shakespeare and Musik. With illustrations from music of the 16th and 17th centuries. (The Temple Shakespeare Manuals.) London, Dent. — 16°, 238 S. s. 3.

Nef, Karl. Die Collegia Musica in der deutschen reformierten Schweiz. St. Gallen, Zollikofer'sche Buchdruckerei. — 8°, VIII — 161 S. ℳ 2.

Néret, L. La Liturgie grecque de saint Jean Chrysostome. Etude comparative de la messe latine. Paris, libr. Retaux. — 8°, 80 S.

Neumann, Oscar. Los Centros de la fabricación de instrumentos de música en Sajonia Alemania. Leipzig, O. Neumann Waldstr. 70). — 8°, 96 S.

Niggli, A. Die Sängerfahrt der „Harmonie Zürich" nach Lausanne u. Genf. (Separatabdruck aus Nr. 14—15 der „Schweizer. Musikzeitung", 1896.) Zürich, Hug. — ℳ 0,25.

Orsi, Delfino. Eraldo Baretti ed il Teatro Piemontese. (Conferenza tenuta il 7 Aprile 1895 al Circolo filologico di Torino.) Milano, Ricordi. — 16°, 37 S. L. 0,50.

Panum, Hortense og **Behrend, William.** Illustreret Musikhistorie. 2.—10. Levering. Kjobenhavn, Philipsen. — 8°(S. 49—480), à Lev. 1 Kr.

Pierre, Constant. L'Histoire du Magasin de musique. Paris, Fischbacher.

Pierre, Const. Les anciennes écoles de déclamation dramatique. Paris, Tresse et Stock. — 8°, 40 S. fr. 2.

Probst, Ferd. Die abendländische Messe vom 5. bis zum 8. Jahrhundert. Münster, Aschendorff. — 8°, XV — 444 S. ℳ 9,50.

Radoux, Théod. La Musique et les écoles nationales. Liège, Vaillant-Carmanne. — 8°.

Rasumowsky, Dm. Was. Patriarschie pewtschie Diaki i Poddiaki u Gosudarewji pewtschie Diaki. (Die Sänger-Diakonen der Patriarchen und die russischen Hofsänger-Diakonen.) St. Petersburg, Typ. N. Findeisen (1895).

Regolamento ed avvertenze per la scuola di canto della cappella musicale della insigne basilica prepositurale di s. Vittore in Varese. Varese, tip. Macchi e Bruaa. — 4, 4 S.

Regolamento interno del teatro Rossini in Pesaro. Pesaro, stab. tip. Annesio Nobili. — 8°, 70 S.

Regolamento — programma del concorso regionale toscano di bande musicali in Firenze. (R. società di S. Giovanni Battista.) Firenze, tip. Galletti e Cocci. — 16°, 8 S.

Remo, Felix. Mouvement de la musique en Angleterre. (L'Europe artiste 1896: No. 32—35.) Paris, 123 rue Montmartre. — 4°.

Ribakoff, Sergej. Zerkownij swon Rossij. (Die Kirchenglocken in Russland.) St. Petersburg, typ. Ewdokimoff.

Riemann, Hugo.* Notenschrift und Notendruck. (Festschrift zur 50jährigen Jubelfeier des Bestehens der Firma C. G. Röder.) Leipzig, C. G. Röder. — 4° 16, X — 88 S.

Ritter, Herm. Volksgesang in alter und neuer Zeit. (Volksschriften zur Umwälzung der Geister, XIV. Heft.) Bamberg, Handelsdruckerei. — 16°, 46 S. ℳ 0,20.

Rivalland, H. Notice sur le Missel de Notre-Dame de France. Paris, Société d'éditions catholiques (18, rue Séguier). — 16°, 64 S.

Robert, Gustave. La Musique à Paris. 1895 — 1896. Etudes sur les concerts; Programmes; Bibliographie des ouvrages musicaux parus pendant l'année... (2e année.) Paris, Fischbacher. — 12°, 300 S., fr. 3,50.

Roeder, Ernst. Das Dresdner Hoftheater der Gegenwart. Neue Folge. Dresden, Pierson. — 8°, 296 S. ℳ 4.

Roseri, Margitta. Katechismus der Tanzkunst. (Illustrirte Katechismen, Bd. 42.) Leipzig, M. Hesse. — 8°. ℳ 2.

Rossi, Giacomo. Il Minuetto. Roma, Società editrice Dante Alighieri. — 16°, 188 S. L. 5.

Rowbotham, John Frederick. The Troubadours and Courts of Love. London, Swan-Sonnenschein & Co. — 8°.

Ruelle, Ch. Émile. Collection des auteurs grecs relatifs à la musique: Alypius et Gaudence, Bacchius l'ancien. Traduction française. Paris, Firmin-Didot.

Runge, P. Die Singweise der Colmarer Handschrift und die Liederhandschrift in Donaueschingen. Leipzig, Breitkopf & Härtel. — Fol. XX — 188 S. ℳ 20.

Sachs, Edwin O. and Ernest A. E. Woodrow. Modern Opera Houses and Theatres. Vol. I. London, Batsford.

Sanchez-Gavagnach, Francisco. Epitome de la Historia de la Música. Barcelona, Rafuel Guardia.

Sauren, Jos. Die lauretanische Litanei, nach Ursprung, Geschichte und Inhalt dargestellt. Kempten, Kösel. — 8°.

Schmidt, Erich u. Max Friedlaender.* Kleine Blumen, kleine Blätter. (Sonderabdruck aus d. Archiv f. d. Studium d. neueren Sprachen, Bd. XCVII, Heft 1,2.) Braunschweig, Westermann. — 8°, 16 S.

Schmidt, Leop.* Zur Geschichte der Märchen-Oper. (Dissertation.) 1. 2. Aufl. Halle, O. Hendel. — 8°, 93 S. ℳ 3.

Schubart, Fr. Winfr. Die Glocken im Herzogt. Anhalt. Dessau, Baumann. — 8°, XVIII — 579 S. ℳ 30.

Scuola di musica Abate in Savigliano: statuto organico. Savigliano, tip. Fissore. — 8°, S. 11.

Sellhamer, G. C. History of the American Theatre, 1749—1797. 4 vols. New York, Sampson Low. — 4°, 73 s. 6 d.

Silvestri, E. I capolavori musicali del nostro secolo. (Atti della Accademia Olimpica di Vicenza, anni 1893—1895.) Vicenza, Paroni. — 8°.

Società corale di S. Maria all' Antella: regolamento. Firenze, stab. tip. G. Civelli. — 8°, 6 S.

Società filarmonica di Clivio: statuto. Varese, tip. Macchi e Brusa. — 16°, 11 S.

Società filarmonica di Cologna: regolamento organico disciplinare. Ferrara, tip. Sociale. — 8°, 8 S.

Società filarmonica comunale di Fiesole: resoconto e bilancio consuntivo a tutto il 31 agosto 1895. Firenze, tip. Bonducciana, A. Meozzi. — 8°, 8 S.

Società filarmonica di S. Donato in Collina: statuto e regolamento interno. Firenze, stab. tip. G. Civelli. — 16°, 19 S.

Società filarmonica-instrumentale di Viggiù: regolamento. Varese, tip. Macchi e Brusa. — 10°, 15 S.

Società filarmonica di Quarata: statuto. Arezzo, stab. sip. coop. Operaio. — 8°, 13 S.

Soubies, Albert. Histoire de la musique allemande. Paris, May et Motteroz. — 8°, 296 S. fr. 3,50.

Soubies, Albert. Un Problème de l'histoire musicale en Espagne. Paris, Fischbacher. — 8°.

Soubies, Albert. Musique russe et musique espagnole. 2e éd., revue et corrigée. Paris, Fischbacher. — 8°, 23 S.

Squire, W. Barclay.* Notes on Early Music Printing. (Bibliographica. Vol. III, part IX. S. 99—122.) London, Kegan Paul Trench-Trübner & Co. — 4°.

Statuto della Società filarmonica in Trieste. Trieste, tip. Morterra & Co. — 8°, 10 S.

Stöbe, Paul. Zur Geschichte der Kirchenorgeln in Halberstadt. (Aus: „Zeitschr. f. Instrumentenbau".) Leipzig, P. de Wit. — 4°, 20 S. ℳ 0,60.

Streatfeild, R. A. A Sketch of the Development of the Opera. With full descriptions of every work in the modern repertory. London, John C. Nimmo. — 8°, 356 S. s. 6.

Tebaldini, Gior. L'Archivio Musicale della Cappella Antoniana in Padova. Padova, tip. e libr. Antoniana (1895). — 4°, 175 S. L. 6.

Tebaldini, Gior. Discorso letto nell'adunanza diocesana tenuta a Corando sulla musica sacra, 14 ottobre 1895. Treviso, tip. lit. int. Mander (1895). — 16°, 15 S.

Thomas, Jules. Élévations nouvelles sur le sens liturgique des psaumes. Dijon, libr. Chamagne. — 16°, XII — 430 S.

Torr, Cecil. On the interpretation of Greek Music. London, Henry Frowde. — 8°, 1 s.

Tort Daniel, Jacinto E. Noticia musical del „Lied" ó Cançó Catalana. Segunda edición. Madrid, en las princ. libr. — 8°.

Trébucq, S. La Chanson populaire en Vendée. Paris, libr. Lechevalier. — 8°, 320 S.

Weiss, J. J. Les Théâtres Parisiens. (Trois années de théâtre 1883—1885.) 2e édition. Paris, Calman Lévy. — 18°, LXXXIX — 300 S.

Weiss, Joh.* Die musikalischen Instrumente in den hl. Schriften des Alten Testaments. (Festschrift d. k. k. Universität Graz, aus Anlass der Jahresfeier am 15. Novbr. 1895.) Graz, Leuschner & Lubensky (1895). — 8°, 104 u. 14 S. ℳ 7.

Winteler, J. Über Volkslied und Mundart. Aarau, Selbstverlag. — 8°, 16 S. ℳ 0,50.

Witkowski, Stan. Nowe odkrycia w dziedzinie muzuki greckiej. (Über griechische Musik. Polnischer Text.) Krakau, polnische Verlagsgesellschaft.

Wolfram, Joh.* Geschichte des Oldenburger Singvereins von 1821 bis 1896 nebst einem einleitenden Beitrage zur Geschichte d. Musik in Oldenburg von der Zeit Anthon Günthers bis zur Gründung d. Singvereins (1603—1821). Oldenburg, Druck v. Ad. Littmann. — 8°, 80 S.

Woodrow, Ernest A. s. Sachs.

Zelle, Fr.* Eine feste Burg ist unser Gott. II. Die ältesten Bearbeitungen des Liedes. (Wissenschaftl. Beilage z. Jahresbericht d. 10. Realschule zu Berlin.) Berlin, Gaertner. — 4°, 28 S. ℳ 2.

Zenner, J. K. Die Chorgesänge im Buche der Psalmen. 2 Teile. Freiburg i./B., Herder. — 8°, VII—92 S., V—71 S. ℳ 10.

Biographien und Monographien in Sammlungen.

Annesley, Charles. The Standard Opera Glass: Plots of 119 Operas, critical and biographical remarks... Eleventh augmented & rev. edition. London, Sampson Low (Dresden, Tittmann). — 12°, 367 S. ℳ 3,50.

Baptie, D. Sketches of English Glee Composers: Historical, Biographical, and Critical (from about 1735—1866). London, Reeves. — 8°, s. 5.

Bellaigue, Camille. Portraits et Silhouettes de musiciens. [Portraits: Palestrina, Marcello, Pergolèse et Gounod; Silhouettes: Haydn, Mozart, Gluck, Beethoven, Rossini, Weber, Mendelssohn, Schumann, Auber, Berlioz, Meyerbeer et Wagner.] Paris, Delagrave. — 12°, 325 S., fr. 3,50.

Franqueville, le Comte de —. Le premier siècle de l'Institut de France, 25 octobre 1795 — 25 octobre 1895. Tome Ier Histoire. Organisation. Personnel. Notices biographiques... [Méhul, Gossec, Grétry, Monsigny, Cherubini, Lesueur, Berton, Catel, Boieldieu, Auber, Paër, Reicha, Halévy, Carafa, Spontini, Onslow, Adam, Thomas, Reber, Clapisson, Berlioz, Gounod, Bazin, David, Massé, Reyer, Massenet, Saint-Saëns, Delibes, Guiraud, Paladilhe, Dubois.] Paris, J. Rothschild. — gr. 4°, 491 S.

Griffith, Ed. Frederic. Notable Welsh Musicians (of To-day). Portraits, Biographies, and a Preface on the Condition of Music in Wales. London, Goodwen. — 8°, 222 S. s. 5.

Hanslick, Ed. Aus dem Concert-Saal. Kritiken und Schilderungen aus 20 Jahren des Wiener Musiklebens 1848 — 1868. 2. Aufl. Wien, Braumüller. — 8°, XVI — 604 S. ℳ 8.

Hanslick, Ed. Concerte, Componisten und Virtuosen der letzten 15 Jahre. 1870 — 1885. Kritiken. 3. Aufl. Berlin, Allgem. Verein f. d. Litteratur. — 8°, XVI — 448 S. ℳ 7.

Hanslick, Ed. Fünf Jahre Musik [1891 —1895]. (Der „Modernen Oper" VII. Teil.) Berlin, Allgem. Verein f. Deutsche Litteratur. — 8°, 402 S. ℳ 6.

Hanslick, Ed. Musikalisches Skizzenbuch. (Der „Modernen Oper" IV. Teil.) Neue Kritiken und Schilderungen. 3. Auflage. Berlin, Allgem. Verein f. d. Litteratur. — 8°, VIII — 335 S. ℳ 5.

Jarro s. Piccini.

Klickmann, Flora. Moments with modern musicians. (Windsor Magazine, January Number 1896.) London, Ward-Lock & Bowden.

Les Légendes de l'art. (Bibliothèque anecdotique et littéraire.) Musiciens. Paris, Hatier. — 8°, 239 S.

Maillard, E. Nantes et le département au XIXᵉ siècle: Littérateurs, Savants, Musiciens... Nantes, libr. Vier. — 8°, 382 S.

Panzacchi, Enrico. Saggi critici. Napoli, Chiurazzi. — 16°, 332 S. L. 2.

Pfordten, Herm. Frhr. v. d. — Musikalische Essays. München, Beck. — 8°, IX — 248 S. ℳ 4,50.

Phipson, T. L. Famous Violinists and fine Violins. London, Chatto & Windus. - 8°, 270 S. s. 5.

Piccini, Giulio [Jarro]. Attori, Cantanti, Concertisti ... 1ª 2ª ediz. Firenze, R. Bemporal e figlio. — 8°, 317 — 325 S. L. 2,50.

Polko, Elise. Meister der Tonkunst. Biographieen. Wiesbaden, Lützenkirchen & Bröcking. — 8°. ℳ 5.

Silvestri, Emilio. I capolavori musicali del nostro secolo. (Atti della accademia olimpica di Vicenza, Vol. XXVII—XXIX.) Vicenza, tip. Paroni. — 8°.

Sseroff, Alex. Krititscheskija statji. (Gesammelte krit. Schriften von Alex. Sseroff. Russ. Text.) 4 Bände. St. Petersburg, Typ. d. Kaiserl. Theater-Direction. (1892—95.)

Tscheschihin, W. Otgolowki opery i konzerta. (Nachklänge von Opern und Konzerten.) 1888 — 1895. St. Petersburg, tip. N. Findeisen.

Warriner, John. National portrait gallery of British Musicians. (With short biographical notices.) London, Sampson Low & Co. — 4°, s. 14.

Biographien und Monographien.

Alembert, Jean le Rond d' —.
Gasté, Armand. Le Portrait original de d'Alembert par Quentin de la Tour. (Extrait du Bulletin de la Société des beaux-arts de Caen.) Caen, impr. Valin. — 8°, 22 S. (Paris, Nourrit, impr. Plon: 8°, 8 S.

Alessandri, Felice.
Valdrighi, Luigi-Francesco. Felice Alessandri, maestro di cappella di Federico Guglielmo II°, Re di Prussia (1790— 91—92). (Musurgiana, Serie II. No. 3.) Modena, società tipografica (Soliani). — 8°.

Anzoletti, Luisa.
Minocchi, S. L'ingegno e le opere di Luisa Anzoletti. Milano, L. F. Cogliati. — 10°, 58 S. L. 1.

Arditi, Luigi.
(Arditi, Luigi.) My Reminiscences. Edited by the Baroness von Zedlitz (née Beatty-Kingston). London, Skeffington & Son. — 8°, s. 12.

Aubéry du Boulley, Prudent-Louis.
Avre, Jehan de l' —. Notice sur Aubéry du Boulley, compositeur de musique. Verneuil, impr. Gentil. — 8°, 52 S.

Bach, Joh. Seb.
His, Wilh.* Anatomische Forschungen üb. Joh. Seb. Bach's Gebeine u. Antlitz nebst Bemerkungen üb. dessen Bilder. (XXII. Bd. d. Abhandlungen d. mathem.-physischen Classe der Kgl. Sächs. Gesellsch. d. Wissensch.) Leipzig, Hirzel. (1895.) — 8°, (S. 379—420.) ℳ 2.
— Stein, A. (H. Nietschmann.) Johann Sebastian Bach. (Deutsche Geschichtsu. Lebensbilder. XXIII.) Halle, Buchh. d. Waisenhauses. — 8°. ℳ 3,30.
— Widmann, Bened. Joh. Seb. Bach. Johannes-Passion. (Der Musikführer, No. 52—53.) Frankfurt a. M., Bechhold. — 8°, 34 S. ℳ 0,40.

Beethoven, L. v.
Beethoven's Symphonien, erläutert m. Notenbeispielen v. G. Erlanger, Helm, Morin, Radecke, Sittard u. Witting, nebst e. Einleitung: Ludw. v. Beethoven's Leben und Wirken ... v. A. Pochhammer. Frankfurt a. M., Bechhold.--8°, 222 S. ℳ 2.
— Erlanger, Gust. Ludwig van Beethoven. 8. Symphonie. (Der Musikführer, No. 66.) Frankfurt a. M., Bechhold. — 8°. ℳ 0,20.
- - Grove, G.* Beethoven and his nine Symphonies. 1th, 2d Ed. London, Novello. — 8°, 407 S. s. 6.
— Helm, Theod. Ludw. van Beethoven. 7. Symphonie. (Der Musikführer, No. 72.) Frankfurt a. M., Bechhold. — 8°. ℳ 0,20.
— Witting, C. Ludwig van Beethoven. 4. Symphonie. (Der Musikführer, No. 61.) Frankfurt a. M., Bechhold. — 8°. ℳ 0,20.
— Radecke, Ernst. Ludwig van Beethoven. Sinfonia eroica ... No. 3. Es-dur, Op. 55. (Der Musikführer, No. 51.) Frankfurt a. M., Bechhold. — 8°, 28 S. ℳ 0,20.
— Reinecke, Carl.* Die Beethoven'schen Clavier-Sonaten. Briefe an eine Freundin. Leipzig, Gebr. Reinecke. — 8°, 93 S. ℳ 2,40.

Belloc, Teresa.
Boggio, Camillo. La cantante Teresa Belloc. (Estratto dalla Gazzetta mus. di Milano, anno 1895.) Milano, Ricordi. — 8°, 27 S. L. 1.

Berlioz, Hector.
Prod'homme, J. G. Le Cycle Berlioz: La Damnation de Faust. Essai historique et critique sur l'oeuvre de Berlioz. Paris, Bibliothèque de l'Association (17, rue Guénégaud). — 16°, 259 S. fr. 3.

Billroth-Briefe.
Fischer, Georg. Briefe von Theodor Billroth. 2. 3. Aufl. (539 Briefe.) Hannover u. Leipzig, Hahn. — 8°, 623 S. ℳ 9.

Bizet, Georg.
Gerhard, J. W. Handleiding v. de bezoekers van Carmen van G. Bizet. (Opera-Gids, No. 3.) Amsterdam, Vlaanderen.

Böhm, Josef.
Mantuani, Jos. Prof. Josef Böhm. Wien, Rörich. (1895). — 8°, 70 S. ℳ 1,80.

Brahms, Joh.
Knorr, Iwan. Joh. Brahms. Sextett f. Streichinstrumente. (No. 2, G-dur, Op. 36.) (Der Musikführer, No. 57.) Frankfurt a. M., Bechhold. — 8°, 22 S. ℳ 0,20.
— Knorr, Iwan. Joh. Brahms. 1. Symphonie. (Der Musikführer, No. 73.) Frankfurt a. M., Bechhold. — 8°. ℳ 0,20.

Brossard, Séb. de —.
Brenet, Michel. Sébastien de Brossart, prêtre, compositeur, écrivain et bibliophile. Paris, Société de l'histoire de Paris. — 8°, 35 S.

Brückler, Hugo.
Musiol, Rob. Hugo Brückler. Dresden, Hoffarth. — 8°, 35 S. ℳ 0,75.

Bruneau, Alfred.
Destranges, Etienne. Le Rêve d'Alfred Bruneau. Étude thématique et analytique. Bruxelles, rue du Congrès 2. — 8°, fr. 1.

Bülow, Hans von —.
Bülow, H. v.* Briefe u. Schriften. Hrsg. von Marie v. Bülow. 3. Bd. (1850—1892.) Leipzig, Breitkopf & Härtel. — 8°, XI, 482 S. ℳ 6.
— Bülow, H. v. The early correspondence of Hans von Bülow. Selected and translated into English by Constance Bache. London, T. Fisher Unwin.

Bülow, Hans von —.
 Motta, V. da —.* Nachtrag zu den Studien bei Hans v. Bülow von Theod. Pfeiffer. Berlin & Leipzig, Luckhardt. — 8°, 84 S. ℳ 2.

Busi, Alessandro.
 Torchi, Luigi. Commemorazione di Alessandro Busi. Bologna, Regia Tipografia. — 8°, 32 S.

Caron, Rose.
 Solenière, Eugène de —. Mme Rose Caron, monographie critique. Paris, aux bureaux du journal „La Critique": boulev. de la Tour-Maubourg 50.

Cecchi, Domenico (Il Cortona).
 Ravagli, Francesco. Il Cortona (Domenico Cecchi). (NozzeFuriosi-Fabbri.) Città di Castello, Scipione Lapi. — 8°.

Chabanon, Mich. P.
 Lussy de Stans, M. Chabanon précurseur de Hanslick. (Extrait de la Gazette musicale de la Suisse Romande, 1896.) Genève, rue du Rhône 25.

Cherubini, Luigi.
 Carreras, José Rafael. Luigi Cherubini. Estudio musical. Barcelona, en las princip. libr. — 8°, 42 S.

Chopin, Fr.
 Kleczynski, Jean. Chopin's Greater Works (Preludes, Ballads, Nocturnes, Polonaises, Mazurkas). How they should be understood; including Chopin's Notes for a „Method of Methods". Translated with additions by Natalie Janotha. London, Reeves. — 8°, 110 S. s. 5.
 — Liszt, Frz. Friedrich Chopin. Frei in's Deutsche übertr. v. La Mara. 2. Aufl. (Liszt, Fr. Gesammelte Schriften. 1. Bd.) Leipzig, Breitkopf & Härtel. — 8°, 215 S. ℳ 6.

Il Cortona s. Cecchi.

Dittersdorf, Karl von —.
 The Autobiography of Karl von Dittersdorf. Dictated to his son. Transl. from German by A. D. Coleridge. London, Bentley. — 8°, 336 S. 7 s. 6 d.

Donizetti, Gaetano.
 Versino, Edoardo Clemente. Contributo ad una biografia di Gaetano Donizetti: lettere e documenti inediti. Bergamo, J. Carnazzi edit. — 16°, 196 S.

Duprez, Gilbert.
 Duprez, Gilb. Souvenirs d'un chanteur. Paris, Calmann Lévy. — 18°, 280 S. fr. 3,50.

Erkel, Franz.
 Ábrányi, K. Franz Erkel's Leben u. Wirken. (In ungar. Sprache.) Budapest, Schunda. — 8°.

Ewerardi, Camillo.
 W., L. Camillo Ewerardi. Biogr. Skizze. (Russ. Text.) Kijeff, typ. S. Kulljenno.

Fauconier, B. C.
 Bastin-Lejuste, J. Biographie de M. B. C. Fauconier, doyen des compositeurs de musique belges et français. Fosses (Namur), à l'imprimerie agricole, rue de Vitrival. — 8°, fr. 0,75.

Foster, Stephen C.
 Foster, Morrison. Biography, songs and musical compositions of Stephen C. Foster. Pittsburg, Pa., Percy F. Smith. — 8°.

Franck, César.
 Destranges, Etienne. L'Oeuvre lyrique de César Franck. Paris, Fischbacher. — 8°, 65 S.
 — F. L. Nos musiciens, César Franck. (Revue des beaux-arts et des lettres. 66° année, No. 9.) Paris.

Freundt, Cornelius.
 Göhler, Georg.* Cornelius Freundt. Ein Beitrag zur Geschichte der ev. Kirchenmusik, insbesondere d. sächs. Kantoreien i. d. 2. Hälfte d. 16. Jahrh. (Inaugural-Dissertation.) Zwickau, Druck v. R. Zückler. (Erschien ausserdem in Heft V der Mitteilungen des Altertumsvereins f. Zwickau u. Umgegend. Commission: Richter'sche Buchhandlung in Zwickau.) — 8°, 80 S. ℳ 2.

Fuchs, Rob.
 Stransky, Jos. Robert Fuchs. Symphonie in C-dur, Op. 37. (Der Musikführer, No. 60.) Frankfurt a. M., Bechhold. — 8°, 12 S. ℳ 0,20.

Genss, Hermann.
 Zabel, Eugen. Hermann Genss. Eine Künstlerstudie. Berlin, Raabe & Plothow. — 8°.

Glinka, M.
Fludeisen, Nic. Glinka w Ispaniji. (Glinka in Spanien.) St. Petersburg, Verl. d. Russ. Musikztg.

Gounod, Charles.
Gerhard, J. W. Faust. (Opera-Gids, No. 7.) Amsterdam, Vlaanderen.
Gounod, Ch.) Aufzeichnungen eines Künstlers. Aus dem Franz. v. E. Bräner. Breslau, Frankenstein. — 8°, 231 S. ℳ 5.
— Gounod, Charles. Autobiographical Reminiscences. From the French by the Hon. W. Hely Hutchinson. London, Heinemann. — 8°, 278 S. 10 s. 0 d.
— Gounod, Charles. Mémoires d'un Artiste. 1ʳᵉ — 5ᵐᵉ Éd. Paris, Calman Lévy. — 18°, 361 S. fr. 3,50.

Grétry, A. E. M.
(Radoux, J. Th.)' [Catalogue du] Musée Grétry fondé en 1882. Liège, Vaillant-Carmanne. — 8°, 31 S.

Grieg, Edward.
Kwast, James. Edvard Grieg. Klavierkonzert A-moll. (Der Musikführer, No. 70.) Frankfurt a. M., Bechhold. — 8°. ℳ 0,20.

Hale, Adam de la —.
Blémont, Emile e Julien Tiersot. Adaptation littéraire e musicale du Jeu de Robin et Marion. (La Revue du Nord, No. XII, 1896.) Paris, rue de Verneuil 30.)
— Commémoration d'Adam de la Halle. (Revue du Nord, Juin 1896, Paris, rue Verneuil 30.)
— Durant, C. Adam de la Halle. (L'Europe artiste, No. 19.) Paris, 123, rue Montmartre. — 4°.
— Langlois, Ernest. Le Jeu de Robin & Marion par Adam Le Bossu [Adam d'Arras, Adam de la Hale]. Paris, Thorin et fils. — 8°, IV — 154 S.
— Larivière, E. Notice biographique sur Adam de la Hale. (La Revue du Nord, No. XII, 1896. Paris, rue de Verneuil 30.)

Hallé, Charles.
Life and Letters of Charles Hallé, being an autobiography (1819—1870). Edited by C. E. Hallé and Marie Hallé. London, Smith-Elder & Co. — 8°.

Händel, G. F.
Schrader, Bruno. G. F. Händel. (Musiker-Biographien, 19. Band.) Leipzig, Reclam. — gr. 16°, 103 S. ℳ 0,20.

Haydn, Jos.
Widmann, Bened. Jos. Haydn. Symphonie in G-dur. (Mit dem Paukenschlag.) (Der Musikführer, No. 59.) Frankfurt a. M., Bechhold. — 8°, 11 S., ℳ 0,20.

Haweis, H. R.
Haweis, H. R. My musical life. 4th Edition. London, Longmans & Co. — 8°. 7 s. 6 d.

Helmholtz, Herm. v. —
Epstein, S. S. Hermann von Helmholtz als Mensch und Gelehrter. Stuttgart, Deutsche Verlags-Anstalt. — 8°. ℳ 1.

Indy, Vincent d' —.
Destranges, Etienne. Etude analytique de Fervaal, drame lyrique de Vincent d'Indy. Paris, Durand et Fischbacher. — 8°, 50 S. fr. 1.

Josquin de Près.
Ménil, F. de —. Josquin de Près et son école. (La Revue du Nord, No. XI, 1896. Paris, rue de Verneuil 30.)

Koczalski, Raoul.
Vogel, Bernh. Raoul Koczalski. Skizze. Leipzig, P. Pabst. — 8°. VIII — 124 S. ℳ 2.

Kuhe, Wilhelm.
Kuhe, Wilh. My musical recollections. London, Bentley. — 8°, 434 S. s. 14.

Liebling, Georg.
Braun, Gfr. Hofpianist Georg Liebling. Biographie. Berlin, F. Barschall. — 8°, 17 S. ℳ 0,45.

Liszt, Franz.
Hahn, A. Franz Liszt. Orpheus. Les Preludes. Ce qu'on entend sur la montagne. (Der Musikführer, No. 64, 65, 71.) Frankfurt a. M., Bechhold. — 8°, à ℳ 0,20.
— La Mara. Lettres de Franz Liszt à une amie. Leipzig-Bruxelles, Breitkopf & Härtel. — 8°. ℳ 5.
— Lüning. Franz Liszt. (81. Neujahrsblatt der allgemeinen Musikgesellschaft in Zürich auf d. J. 1896.) Zürich, Fasi & Beer. — 4°, 25 S. ℳ 3.

BIBLIOGRAPHIE. 91

Liszt, Franz.
Trausil, M. Franz Liszt und das Ewig-Weibliche. Leipzig, Bleier. - 8°, 172 S. ℳ 2.
— Wagner, Rich. e Fr. Liszt. Epistolario, tradotto da Allegrina Cavalieri-Sanguinetti. Torino, frat. Bocca. 2 Vol. — 16°. L. 7.

Lwoff, Alex. Fed.
(Lwoff, A. F.) Otcherk muzikalnoj dejatelnosti. [Skizze seines musikalischen Lebens.] St. Petersburg, Typ. d. Kaiserl. Theater.

Macintyre.
An Interview with Miss Macintyre with portraits of the famous singer. (The Windsor Magazine, March Number, 1896.) London, Ward-Lock & Bowden.

Mascagni, P.
Gerhard, J. W. P. Mascagni. Siciliaansche Boerenecer. (Opera-Gids, No. 9.) Amsterdam, Vlaanderen.

Maurel, Victor.
Appréciation de la presse parisienne sur Victor Maurel dans Don Juan, à l'Opéra-Comique. Paris, impr. Warmont. — 16°, 24 S.

Médard.
Jacquot, Alb. Les Médard, luthiers lorrains. Paris, Fischbacher.—8°, 248. fr. 5.

Melba, Madame —.
Zedlitz, Baroness von —. Madame Melba. Interview. (Englishwoman, Sept.-Number 1896.) London, Simpkin.

Mendelssohn-Bartholdy, Felix.
Edwards, F. G.* The History of Mendelssohn's Oratorio „Elijah". London, Novello. — 8°, X — 141 S. s. 3.
— Glück, Aug. Felix Mendelssohn-Bartholdy. Symphonie No. 3, A-moll, Op. 56. (Der Musikführer, No. 58.) Frankfurt a. M., Bechhold. — 8°, 21 S. ℳ 0,20.
— Heuberger, R. Felix Mendelssohn-Bartholdy. Paulus. (Der Musikführer, No. 74—75.) Frankfurt a. M., Bechhold. — 8°. ℳ 0,10.

Monteverdi, Claudio.
Sommi Picenardi, Giorgio. Claudio Monteverdi a Cremona. (Estr. dalla Gazzetta musicale di Milano": 1896, No. 28—31.) Milano, Ricordi. — 16°, 36 S. L. 0,50.

Moussorgski, Modeste Petrovitch.
D'Alheim, Pierre. Moussorgski. Paris, Société du Mercure de France. — 16°. fr. 3,50.

Mozart, W. A.
Farinelli, Arturo. Don Giovanni. Note critiche. Torino, E. Loescher.
— Genée, Rud. Der Tod e. Unsterblichen. Zum Todestage Mozarts, den 5. Desbr. (Sonder-Ausg. f. d. Mitglieder d. Mozart-Gemeinde.) 2. Auflage. Berlin, Mittler & Sohn. — 8°.
— Kerval, Loïs de —. Un jeune maëstro. Histoire de Mozart. Paris, Taffin-Lefort. — 12°, 69 S.
— Maurel, Victor. A propos de la mise en scène de Don Juan. Réflexions et Souvenirs, Paris, P. Dupont. — 12°, VIII — 85 S.
— Mittheilungen* f. d. Mozart-Gemeinde in Berlin. 2., 3. Heft. Herausgegeben von Rud. Genée. Berlin, Mittler & Sohn. 8°, S. 33—108. ℳ 3.
— Pochhammer, A. W. A. Mozart, Symphonie in C-dur. (Jupiter-Symphonie.) (Der Musikführer, No. 51.) Frankfurt a. M., Bechhold. — 8°, 28 S. ℳ 0,20.
— Possart, Ernst. Über die Neueinstudierung und Neuszenierung des Mozart'schen Don Giovanni (Don Juan) auf dem kgl. Residenztheater zu München. München, A. Bruckmann. — 8°, 36 S. ℳ 0,30.
— Sterneck, Carl von —. Der Freundeskreis in Salzburg. (Studien üb. W. A. Mozart, hrsg. v. Joh. Ev. Engl. 4. Folge.) Salzburg, Selbstverlag d. Mozarteums. — 8°, 24 S.
— Weltner, Alb. Jos.* Mozart's Werke u. die Wiener Hof-Theater. Statistisches u. Historisches. Wien, A. W. Künast. — gr. 8°, VI — 108 S. ℳ 2,50.
— Witting, C. W. A. Mozart. Symphonie in Es-dur. (Der Musikführer, No. 69.) Frankfurt a. M., Bechhold. — 8°. ℳ 0,20.

Nietzsche, Friedrich.
Common Thomas. Friedrich Nietzsche. („To-Morrow", March Number 1896.) London, Henry & Co.
— Ellis, Havelock. Friedrich Nietzsche. (The Savoy, No. 2—3, June—July 1896.) London, W. C., Effingham House, Arundel Str.

Nietzsche, Friedrich.
Förster-Nietzsche, Elisab. Das Leben Friedrich Nietzsche's. 2. Bd. 1. Abt. Leipzig, C. G. Naumann. — 8°, IX — 341 S. ℳ 8.

— Nietzsche, Fr. The Collected Works of Friedrich Nietzsche. Vol. XI (the first volume published): The Case of Wagner, Nietzsche contra Wagner, The Twilight of the Idols, The Antichrist. Translated by Thomas Common. Edited by Alex. Tille. London, Henry & Co. — 8°, 374 S. 10 s. 6 d.

— Ritschl, O. Nietzsche's Welt- u. Lebensanschauung. Freiburg i. B., Mohr. — 8°, 58 S. ℳ 1.

Ouseley, Fred. Gore.
Joyce, F. W. The life of Sir Frederick Gore Ouseley. With two chapters appreciative of Sir F. Ouseley as a musician by G. R. Sinclair. London, Methuen. — 8°, 290 S. 7 s. 6 d.

Palestrina, Giov. Pierluigi da —.
Félix, G. Palestrina et la musique sacrée (1594—1894). Lille, libr. Desclée. — 8°, 237 S.

Richter, Hans.
Klickmann, F. Dr. Hans Richter. (Windsor Magazine, Sept.-Numb. 1896.) London, Ward-Lock.

Rubinstein, Anton.
Mc. Arthur, Alex. Anton Rubinstein. New York, Scribner. — 12°.

Saint-Saëns, Cam.
(Blondel.) C. Saint-Saëns est son cinquantenaire artistique. (Article publié par le Monde Artiste Illustré, le 21 juin 1896.) Paris, Durand et fils. — 8°, 23 S.

— (Fourcaud, L. de —.) Le Jubilé de C. Saint-Saëns à l'occasion du Cinquantenaire de son premier Concert: Salle Pleyel, en 1846. (Extrait de la Grande Dame, juillet 1896.) Paris, Maison Quantin.

Sarasate, P.
Vorst, M. L. van —. Sarasate. (Scribner's Magazine, March Number, 1896.) London, Sampson Low-Marston & Co.

Schillings, Max.
Nodnagel, Ernst Otto. Das Musikdrama „Ingwelde", Musik v. Max Schillings. Einführung in Dichtung u. Musik des Werkes. Leipzig, J. Schuberth & Co.

Schubert, Franz.
Hargrave, Marg. Schubertiana. (The Gentleman's Magazine, December Number 1896.) London, Chatto & Windus.

— Ritter, Herm. Franz Schubert. Bamberg, Handelsdruckerei. — 8°, 47 S. ℳ 0,60.

Schuch, Ernst.
Hartmann, Ludw.° Ernst Schuch und das moderne Capellmeisterthum. (Nord und Süd, Heft 230, Mai 1896.) Breslau, Schottlaender.

Schumann, Rob.
Heuberger, R. Rob. Schumann. Faust-Szenen. (Der Musikführer, No. 62—63.) Frankfurt a. M., Bechhold. — 8°. ℳ 0,40.

— Niggli, A. Robert Schumann. 2. Symphonie. (Der Musikführer, No. 68.) Frankfurt a. M., Bechhold. — 8°. ℳ 0,20.

Sivori, Camillo.
Pierrottet, Adele. Camillo Sivori. Milano, Ricordi. — 16°, 95 S. L. 1,50.

Slatin, J. H.
Bukinik, J. J. H. Slatin, biogr. Skizze. (Russ. Text.) St. Petersburg, Ausg. d. Russischen Musikzeitung.

Sseroff (Serow), Alex. Nic.
Sseroff, A. Pisma... (Briefe A. N. Sseroff's an seine Schwester S. N. Du-Tour.) 1845—1861. Hrsg. v. Nic. Findeisen. St. Petersburg, tip. Findeisen.

Strauss, Rich.
Mauke, W. Richard Strauss. Wanderers Sturmlied. (Der Musikführer, No. 67.) Frankfurt a. M., Bechhold. — 8°. ℳ 0,20.

— Seidl, Arthur und Wilh. Klatte.° Richard Strauss. Eine Charakterskizze. (Sonderausgabe aus „Heimdal", 1896.) Prag, Otto Payer. — 8°, 38 S.

Thomas, Ambroise.
Gerhard, J. W. Mignon, Hamlet van A. Thomas. (Opera-Gids, No. 5, 10.) Amsterdam, Vlaanderen.

Thomas, Ambroise.
 Simon, Jules.* Ambroise Thomas.
 (La Revue de Paris, 3e Année, No. 5,
 Mars 1, 1896.) Paris, Calman Lévy. —
 8°. S. 98—111.

Tolbecque, A.
 Tolbecque, A. Souvenirs d'un musicien en province. Niort, impr. Mercier.
 — 8°, 73 S.

Verdi, Gius.
 Abate, Concetto. Wagner e Verdi:
 Studio critico-musicale. Mistretta, tip.
 del *Progresso*. — 16°. 34 S.
 — Gerhard, J. W. Handleid. v. de bezoekers
 van Rigoletto van G. Verdi. (Opera-
 Gids, No. 2.) Amsterdam, Vlaanderen.
 — Gerhard, J. W. Traviata. (Opera-
 Gids, No. 5.) Amsterdam, Vlaanderen.
 — Gernsheim, Frdr. G. Verdi. Messa
 da Requiem. (Der Musikführer, No.
 55—56.) Frankfurt a. M., Bechhold.
 — 8°, 31 S. ℳ 0,40.
 — Omaggio del giornale La Farfalla
 a Giuseppe Verdi. Milano, tip. Carlo
 Aliprandi. — 16°, 128 S. L. 1.

Wagner, Rich.
 Abate, Concetto. Wagner e Verdi:
 Studio critico-musicale. Mistretta, tip.
 del *Progresso*. — 16°, 34 S.
 — Bayreuth 1896. Praktisches Handbuch
 für Festspielbesucher. hrsg. v. Fr. Wild.
 Leipzig, Const. Wild. — 8°, 152, 72
 u. 70 S. ℳ 2.
 — Bayreuth-Album 1896. Elberfeld,
 Lucas. — 4°, 58 S. ℳ 1.
 — Barthélemy, Edmond. Le Maîtres
 Chanteurs de Nuremberg: première traduction littéraire complète ... Commentaire musicographique et Etude critique.
 Paris, Dentu. — 8°, 427 S. fr. 4.
 — Chamberlain, H. St. Richard Wagner
 et le Génie Français. (Revue des Deux-
 Mondes. 15 Juillet.) Paris.
 — Chamberlain, H. S.* Richard Wagner.
 München, Verlagsanstalt für Kunst und
 Wissenschaft, vormals Bruckmann. —
 Fol. ℳ 24.
 — Chamberlain, H. S. 1876—1896.
 Die ersten 20 Jahre der Bayreuther
 Bühnenfestspiele. Bayreuth, Niehrenheim & Bayerlein. — 8°, 69 S. ℳ 1.

Wagner, Rich.
 — Chop., M. Leiddraad door Richard
 Wagner's werken, in het Nederl. bewerkt
 door W. v. Westrheene. Amsterdam,
 A. M. v. d. Broecke. — 8°.
 — Closson, Ernest. Siegfried de Rich.
 Wagner. Étude esthétique, musicale et
 thématique. Bruxelles, Schott Frères.
 — 8°. fr. 1,50.
 — Cotard, Charles. Tristan et Iseult.
 Essai d'analyse du Drame et des Leitmotifs. Paris, Fischbacher. — 8°.
 — Delpit, A. Les Opéras de Wagner.
 Tannhäuser, Lohengrin, Parsifal. T. Ier
 Trad. de l'allemand avec une introduction
 sur la vie et les oeuvres de Rich. Wagner.
 Paris, Chamuel. — 8°, 267 S.
 — Depanis, Gius. L'Anello del Nibelungo di Riccardo Wagner. Torino,
 Roux e Frassati. — 16°, 242 S. L. 2.
 — Ehrenfels, Ch. v. Zur Klärung der
 Wagner-Controverse. Wien, Konegen.
 — Fanfaren* zu den Bayreuther Festspielen, 1876—1896 mit dem Facsimile
 Rich. Wagner's der Fanfaren des „Ring
 des Nibelungen" 1876. Bayreuth, Carl
 Giessel jun. — 12°, 11 S. ℳ 0,60.
 — Finck, Heinr. T. Wagner und seine
 Werke. Deutsch von G. v. Skal. Breslau, Schles. Buchdruckerei. 1. 2. Bd.
 — 12°. XXIV — 434 S. + VII — 488 S.
 ℳ 7,50.
 — Flüggen, O. G. Scenenweise Erläuterung zu R. Wagner's Opern. 10 Hfte.
 München, Bruckmann.
 — Fuller-Maitland, J. A. The influence
 of Bayreuth. („The Nineteenth Century",
 September Number 1896.) London,
 Sampson Low.
 — Gatty, Charles T. The sacred festival
 drama of Parsifal by Rich. Wagner.
 London, Schott.
 — Gerhard, J. W. Handleiding v. de bezoekers van Lohengrin van Rich. Wagner.
 (Opera-Gids, No. 1.) Amsterdam, Vlaanderen.
 — Glasenapp, Carl Fr. Das Leben
 Richard Wagner's. 3. Ausg. 2. Bd.
 1. Abt. (1843—1853.) Leipzig, Breitkopf & Härtel. — 8°, XVII + 480 S.
 ℳ 7,50.

Wagner, Rich.
- Guerber, H. A. Stories of the Wagner Operas. New York-London, Sampson Low & Co. — 8°.
- Hébert, Marcel. Evolution sentimentale de Richard Wagner. (Extrait des „Annales de philosophie chrétienne".) Paris, libr. Roger et Chernoviz. — 8°. 138.
- Heintz, Alb. Der fliegende Holländer von Rich. Wagner. Charlottenburg, Verl. d. allgemeinen Musik-Zeitung. — 8°, 48 S. ℳ 1.
- Hubert, Jean. Etude sur quelques pages de Rich. Wagner. Paris, Fischbacher (1895). — 8°, 33 S.
- Jay, P. Le Pessimisme Wagnérien. Paris, Fischbacher. — 4°, fr. 3.
- Kastner, Emerich. Verzeichnis der ersten Aufführungen von Richard Wagner's dramatischen Werken. Wien, Selbstverlag.
- Ketzereien aus dem Bayreuther Heiligtum. Bühnen-„Fest"-Spiel 1896. München, Verlagsgesellschaft Münchner Freie Presse. — 8°, 96 S. ℳ 1,20.
- Kloss, Jul. Erich. Zwanzig Jahre Bayreuth. 1876—1896. (Auch in französischer u. englischer Ausgabe: 88 resp. 86 S., traduit p. Georges Korzewski, translated by William Faulkland.) Berlin, Schuster & Loeffler. — 8°, 96 S. ℳ 1,50.
- Mahaffy, J. P. Bayreuth in 1896. (Cosmopolis, Sept. Number 1896.) London, Bream's Buildings, Chancery Lane.
- Maude, Constance. Wagner's Heroes. London, E. Arnold. — 8°, 284 S. s. 5.
- Maud, Constance. Wagner's Heroines. London, E. Arnold. — 8°, 286 S. s. 6.
- Nietzsche, Fr. The Case of Wagner: Nietzsche contra Wagner: The Twilight of the Idols, The Antichrist. Translated by T. Common. (Works of F. Nietzsche, Vol. 11.) — 8°, 374 S. 10 s. 6 d.
- Patterson, Franklin P. The Leitmotives of „Der Ring des Nibelungen". First night „Das Rheingold". Leipzig, Breitkopf & Härtel. — 8°, 56 S. ℳ 1,20.
- Pfohl, Ferd. Die Nibelungen in Bayreuth. Neue Bayreuther Fanfaren. Dresden, C. Reissner. — 8°, VI — 68 S. ℳ 1,50.

Wagner, Rich.
- Phillips, Claude. Munich and Bayreuth. (Fortnightly Review, Oct. Number 1896.) London, Chapman & Hall.
- Pochhammer, Adolph. Richard Wagner's der Ring des Nibelungen erläutert. Frankfurt a. M., Bechhold. — 8°, 139 S. ℳ 2.
- Porges, Heinr. Die Bühnenproben zu den Bayreuther Festspielen d. J. 1876. III. Siegfried. IV. Götterdämmerung. Leipzig, Siegismund & Volkening. — 8°, 40 + 31 S. ℳ 1,25 + ℳ 1.
- Runciman, John F. The Bayreuth Hallucination. (New Review, Sept. Number 1896.) London, Heinemann.
- Smolian, A. The themes of Tannhäuser, from the German by W. Ellis. New York, Scribner. — 12°.
- Wagner, Rich. Prose Works. Vol. IV: Art and Politics. Translated by William Ashton Ellis. London, Kengan-Paul-Trench-Trübner & Co. — 8°, 12 s. 6 d.
- Wagner's Letters to his Dresden Friends. Translation and preface by J. S. Shedlock. Philadelphia, Hatch Music Company — 6°, Doll. 3,50.
- Wagner, Rich. e Fr. Liszt. Epistolario, tradotto da Allegrina Cavalieri-Sanguinetti, con prefazione di Enrico Panzacchi. Torino, frat. Bocca. — 2 Vol. 16°, 332 u. 323 S. L. 7.
- Watson, A. L. The four stories of the Nibelungen Ring. London, Stock. — 8°, 36 S. 1 s. 6 d.
- Weingartner, F.° Bayreuth (1876 bis 1896). Abdruck a. d. Oktoberheft der „Neuen Deutschen Rundschau".) Berlin, S. Fischer. — 8°, 86 S. ℳ 1,50.
- Weston, Jessie L. The Legends of the Wagner Drama. Studies in Mythology and Romance. London, Nutt. — 4°, 40 S. 2 s. 6 d.
- Wirth, Moritz. Die Entdeckung des Rheingolds aus seinen wahren Dekorationen. Leipzig, C. Wild. — 8°, VII, 224 S. ℳ 3.
- Wolzogen, Hans v. — Führer durch die Musik zu Rich. Wagner's Festspiel Der Ring des Nibelungen. Neue wohlf. Ausg. Leipzig, Reinboth. — 8°, 04 S. ℳ 1.

Wagner, Rich.
Wolzogen, Hans v. — L'anello del Nibelungo di Riccardo Wagner: guida musicale. Torino, Bocca. — 16°, 132 S. L. 1,50.

— Wolzogen, Hans v. A key to Parsifal: with thematic musical illustrations, from the German by W. Ellis. New York, Scribner. — 12°.

— Wolzogen, Hans v. — Rich. Wagner, l'Anneau des Nibelungen ..... Guide musical. Bruxelles, Breitkopf & Härtel. (Paris, Delagrave.) (Leipzig, Reinboth: ℳ 2.) — 8°, 133 S. fr. 2.

Wagner, Rich.
Wolzogen, Hans v. — Rich. Wagner's Heldengestalten erläutert. Hannover, Oertel. — 8°, VII — 76 S. ℳ 1,50.

Wasielewski, Wilh. Jos. v.
(Wasielewski, Wilh. Jos. v.) Aus siebzig Jahren. Lebenserinnerungen. — Stuttgart, Deutsche Verlags-Anstalt. — 8°, VII, 278 S. ℳ 5.

Willems, Henri et Jovrin.
Straeten, Edmond van der — et César Snoeck. Étude biographique et organographie sur les Willems, luthiers gantois du XVIIe siècle. Gand, Hoste.

Allgemeine Musiklehre.

Azzoni, Italo. Manuale teorico-pratico per lo studio dell'armonia complementare. Milano, Nagas. — 8°, L. 2.

Berger, Jul. Die Note. Kurzgefasstes, prakt. Universal-Handbuch zur Erlangg. der Notenkenntnis ... Stallupönen, Klutke. — 12°, 47 S. ℳ 0,40.

Bergmann, A. Die Lehre v. d. Modulation od. den Übergängen. Bautzen, Selbstverlag. (Regensburg, Coppenrath in Kommiss.) — 8°, 11 S. ℳ 0,75.

Bernardi, G. G. Armonia. Milano, Hoepli. — 16°, 298 S. L. 3,50.

Bertenshaw, T. H. Elements of Music. London, Longmans. — 8°, 428 S. s. 6.

Bertenshaw, T. H. Rhythm, Analysis, and Musical Form. London, Longmans. — 8°, 130 S. 2 s. 6 d.

Booth, Josiah. Everybody's Guide to Music. New York. — Philadelphia, G. W. Jacobs et Co.

Cantilena, Leop. El primer paso musical. Paris, impr. Bouret. — 8°, 104 S.

Cherubini, Luigi. Theorie des Contrapunktes und der Fuge. In neuer Übersetzung ... von Gustav Jensen. Cöln, II. vom Ende. — gr. 8°, VIII — 158 + 30 S. ℳ 4.

Cruden, G. Manual of musical drill and system of physical training for the use of teachers in schools. 4th edit. London, Simpkin. — 8°, 266 S. 3 s. 6 d.

Cursch-Bühren, Theodor. Kleine Kompositionslehre. Leipzig, Georg Hiller. — 8°, 94 S. ℳ 2.

Dannhauser, A. Abrégé de la théorie de la musique à l'usage des écoles normales. Paris, Lemoine. — 8°. fr. 0,50.

Deuney, E. E. and Roberts (P. Lyddon-). The Teacher's Music Course: Tonic Sol — fa and Old Notation. (Normal Tutorial Series.) London, Normal Corr. Coll. Press. — 8°, 166 S. 2 s. 6 d.

Dräseke, Fel. Einige Gedanken über den grossen Notenaccord. (Bericht des Königl. Conservatoriums für Musik und Theater zu Dresden über das 40. Studienjahr 1895/96.) Dresden, Warnatz & Lehmann.

Edwards Charles. How to practise scales and arpeggios for examinations. London, copies to be obtained from the author: 5, Victoria Rd., Eltham. — 8°. s. 1.

Ergo, Emil. Leerboek voor het Contrapunt. Eerste Deel: Elementair-Leer en Melodie-Leer. Amsterdam, van Munster & Zoon. — 8°, XXIV u. 88 S. fl. 2.

Foerster, Jos. Harmonie-Lehre. Prag, J. Hoffmann's Wwe. — 8°. ℳ 7,60.

Forster, L. Dagmar. Musical Menus. A series of 4 books on musical theory. Book 4. London, George Gill. — 4°.

Foschini, Gaetano F. Trattato ragionato teorico e pratico dell' Armonia. Milano-Torino, Demarch. — 8°.

Ganzel, H. Leitfaden für den ersten theoretisch-musikalischen Unterricht. Breslau, C. Bocher. — 8°.

George, Max. Harmonisation. Nouveau traité de composition musicale libre. 2me éd. Paris, Jules Peelman. — 4°, 292 S. ℳ 17.

Goodrich, A. J. Analytical Harmony. Cincinnati, the John Church Co. — 4°. 404 S.

Gow, Geo. C. The Structure of Music. An elementary text-book on Notation and Harmony. New York, Schirmer. — 8°. Doll. 1,25.

Greenish, Arthur J. Tonality and Roots. London, W. Office of the „Organist and Choirmaster" (139, Oxford Street). — 8°. 1 s. 6 d.

Greig, John. The Musical Educator. A library of musical instruction by eminent specialists. Edited by —. Edinburgh, T. C. & E. C. Jack. — 5 Vol.

Heinze, Leop. Theoretisch - praktische Musik- und Harmonielehre nach pädagogischen Grundsätzen. Für österr. Lehrerbildungsanstalten ... einger. v. Fr. Krenn. 1. Teil, 6. Aufl. Breslau, Handel. — 8°, 172 S. ℳ 1,80.

Hiebsch, Jos. Allgemeine Musiklehre. 2. Aufl. Wien, A. Pichler's Wwe. & Sohn. — 8°. IV — 84 S. ℳ 1.

Jadassohn, S. Lehrbuch des einfachen, doppelten ... Contrapunkts. (Musikal. Kompositionslehre, 2. Bd.) 3. Aufl. Leipzig, Breitkopf & Härtel. — 8°, VIII — 131 S. ℳ 3,60.

Jadassohn, S. Traité de Contrepoint. Traduit de l'Allemand par Mathieu Jodin. Leipzig, Breitkopf & Härtel. — 8°, VI, 200 S. ℳ 4.

Josset, Alfred. Conservatoire de l'avenir. Nouvelle Encyclopédie musicale. 3e édition. Paris, Grus & Fils. — Fol. VIII — 56 p. 58 exemples de musique. fr. 10.

Kewitsch, Theod. Wiederholungs-Buch des musiktheor. Lernstoffes. Hannover, Lehne & Co. — 8°. ℳ 1,50.

Klauwell, Otto. Die Formen der Instrumentalmusik. Köln, vom Ende. — 16°. ℳ 1. [Erschien 1894 als No. 9-10 der „Universal-Bibl. f. Musik-Litteratur".]

Klauss, Th. Musikalischer Wegweiser. Hannover, Oertel. — 16°. ℳ 0,50.

Köhler, Louis. Katechismus der Harmonielehre. 2. Aufl. Stuttgart, Grüninger. — 8°, 80 S. ℳ 1.

Kägele, Rich. Harmonie- und Kompositionslehre nach der entwickelnden Methode. 1. Teil: Theoret. Abtlg. 2. Aufl. Breslau, Goerlich. — 8°, VIII — 56 S. ℳ 1.

Kuhne, Fr. Die Knopftafel. Ein Hilfsmittel zum Zweck einer naturgemäßen Einführung in das Singen nach Noten. Coepenick, Osterwald. — 8°. ℳ 0,60.

Kunze, K. Lehrbuch der Harmonie. Leipzig, Breitkopf & Härtel. — 8°. VI, 84 S. ℳ 1,50.

Lobe, J. C. Katechismus der Musik. 26. Aufl. Leipzig, J. J. Weber. — 8°. ℳ 1,50.

Mansfield, Orlando A. The Student's Harmony. London, Weekes & Co. — 8°.

Merk, Gust. Allgemeine Musik- und Harmonielehre. 3. Aufl. Quedlinburg, Vieweg. — 8°, VIII — 274 S. ℳ 2,70.

Minet, Félix. Les premières leçons de musique à l'école. Mont-sur-Marchienne, Demoulin. — 8°.

Parent, Hortense. Lecture des notes dans toutes les clés, méthode fondée sur la mémoire des yeux. Paris, J. Hamelle et Henri Thauvin.

Peterson, Franklin. Elements of Music. 2.3. Edition. London, Augener. — 8°. s. 1.

Prout, Ebenezer. Counterpoint: Strict and Free. Fifth Edition. London, Augener. — 8°. s. 5.

Prout, Ebenezer. Harmony: Its Theory and Practice. 9th Edition. London, Augener. — 8°. s. 5.

Prout, Ebenezer. Additional Exercises to „Harmony": Its Theory and Practice. Fourth Edition. London, Augener. — 8°. s. 1.

Prout, Ebenezer. Fugue. Third Edition. London, Augener. — 8°. s. 5.

Richter, A. Die Lehre v. d. thematischen Arbeit. Leipzig, Breitkopf & Härtel. — 8°, VII, 130 S. ℳ 3.

Richter, E. F. Célebre Tratado de Armonia... vertido per vez primera al Español por Fel. Pedrell. Barcelona, Pujol. — 8°, ptas. 8.

Richter, E. F. Leerboek der Harmonie. Vrij bewerkt volgens de 19e duitsche uitgave door Jacques Hartog. Leipzig, Breitkopf & Härtel. — 8°.

Riemann, Hugo. Harmony simplified or the Theory of the Tonal Functions of Chords. Translated by the Rev. H. Bewerunge. London, Augener. — 8°. s. 1.

Romette, J. Le Guide de l'harmoniste. 1re, 2me Partie. Saint-Amand, impr. Saint-Joseph. — 8°, 186 S. + 180 S. fr. 9.

Saunders, Gordon. The Art of Phrasing. London, A. Hammond & Co.

Schroeder, Carl. Handbook of Conducting. Translated by J. Matthews. London, Augener. — 8°. s. 2.

Veth, Johanna. Noten en Rhythmus. Utrecht, Wagenaar. — 8°. fl. 0,50.

Vogel, Moritz. Kleine Elementar-Musiklehre. Leipzig, Hug. — 8°, 31 S. ℳ 0,25.

Wagner, Hans. Vereinfachte Musik-Notenschrift. Wien, Internationale Verlags-Druckerei.

Walter, E. Notenliniensystem. Warmbrunn, M. Leipelt in Komm. — gr. 1°, 188. ℳ 1,50.

Weingartner, Felix.* Über das Dirigieren. 2. Aufl. Berlin, S. Fischer. — 8°, 82 S. ℳ 2.

Weitzmann, C. F. Harmoniesystem. Neue Aufl. Leipzig, C. F. Kahnt Nachf. — 8°, 63 S. ℳ 1,20.

Wohlfahrt, Heinr. Katechismus der Harmonielehre. 3. Aufl. Leipzig, Merseburger. — 8°, 56 S. ℳ 0,90.

Besondere Musiklehre. Gesang.
(Kunstgesang, Kirchengesang.)

Ambler, George. Honneur au chant grégorien! Paris, impr. Fontaine. — 8°, 328.

Avellis Georg. Der Gesangsarzt. Gemeinverständliche Bemerkungen zur Gesangslehre und zur Hygiene der Stimmorgane. Frankfurt a. M., Joh. Alt. — 8°, VII, 68 S. ℳ 1,60.

Bottermund, W. Die Singstimme und ihre krankhaften Störungen. Leipzig, F. C. W. Vogel. — 8°, 48 S. ℳ 1.

Browne, Lennox et Emil Behnke. La Voix, le Chant et la Parole. Traduit sur la 14e édition anglaise par Paul Garnault. Paris, Société d'éditions scientifiques. — 8°, XV — 332 S.

Cartaud, C. Chant grégorien. Choix d'une édition. Simples et courtes considérations. Corquilleroy, impr. Sainte Marie des Champs. — 8°, 14 S.

Casamajor, de —. Manuel de l'enfant de choeur, conforme au rit romain. Perpignan, Saint-Martory. — 8°.

Chomé, Maurice. Cours de Diction (première partie). Bruxelles, Siméon Eggerickx. — 8°.

Corson, Hiram. The Voice and spiritual education. London, Macmillan. — 32°, 198 S. s. 3.

Dutilliet, Henri. Petit Catéchisme liturgique. 4e édition, revue, corrigée et augmentée d'un catéchisme du chant ecclésiastique, par A. Vigouroux. Paris, Bricon. — 18°, 221 S. fr. 1,50.

Eldar, A. M. (Anna Fles.) Spreken en Zingen. 4. omgew. en veelvermeerd. druk. Tiel (Nederland), D. Mijs. — 8°. fl. 1,90.

Fleury, A. Le rythme grégorien est-il mesuré? Paris-Lyon, Delhomme & Briguet. — 8°, 29 S. fr. 0,50.

Garnault, P. Cours théorique et pratique de physiologie, d'hygiène et de thérapeutique de la voix parlée et chantée. Paris, Maloine et Flammarion. — 8°.

Garry, R. Elocution, Voice, and Gesture. New edition. London, M. Ward. — 8°, 160 S. 1 s. 6 d.

Goldschmidt, Hugo.* Handbuch der deutschen Gesangspädagogik. 1. Teil. Leipzig, Breitkopf & Härtel. — 8°, 159 S. ℳ 7,50.

Grün, Herm. Einige Winke f. d. Gesangs-Unterricht. Frankfurt a. M., Firnberg. — gr. 8°, 15 S. ℳ 0,50.

Gutmann, J. Liturgik (Orchoth-chajim). Teschen (Leipzig, Kaufmann). — 8°, XI — 147 S. ℳ 1.

Jahrbuch 1896. 7

Haberl, Fr. X. Magister choralis. Theoret.-prakt. Anweisung zum Verständnis u. Vortrag des authentischen römischen Choralgesanges. 11. verm. u. verb. Aufl. Regensburg, Pustet. — 8°, VI, 265 S. ℳ 1,40.

Haberl, Fr. X. Magister choralis. Guide théorique et pratique pour l'étude et l'exécution du Plain-Chant Romain Officiel. Trad. française d'après la 11me éd. originale. Ratisbonne, Pustet. — 8°. ℳ 2.

Haller, Michael. Vade mecum für Gesangunterricht. 8. Aufl. Regensburg, Pustet. — 8°, 144 S. ℳ 1.

Hammond, C. E. s. Brightman.

Hanspp, Philipp. Der Gesangunterricht in der Volksschule. München, Oldenbourg. — 8°. ℳ 0,75.

Harrison, F. A Primer of Elocution in Recitation and Song. London, Curwen. — 8°, 100 S. 1 s. 6 d.

Hecht, Gust. Der Gesangunterricht in d. I- u. 3klassigen Volksschule. Eine prakt. Anweisung in der Methode desselben. 2. Aufl. Quedlinburg, Vieweg. — 8°, VIII – 92 S. ℳ 1,20.

Heinrich, Elisabeth. Für Gesangdilettanten. Potsdam, Riegel. — 8°, 13 S. ℳ 0,50.

Jankewitz, Gustav. Elementarunterricht des Gesanges und der Musik. Danzig, Selbstverlag d. Verf. — 8°, 36 S.

Kastens, E. Gigiena golosa dlja penija u retschi. (Erhaltung der Stimme für Singen und Sprechen.) Russ. Übersetzung von A. R. Iljisch. St. Petersburg.

Krabbel, Chr. Regeln f. d. Vortrag des gregorianischen Chorals. Bonn, A. Henry. 8°, 15 S. ℳ 0,30.

Krutschek, Paul. Die Kirchenmusik nach dem Willen der Kirche. Eine Instruktion f. kath. Chordirigenten. 4. verb. u. verm. Aufl. Regensburg, Pustet. — 8°, XXX — 312 S. ℳ 2.

Kühne, A. Vademecum. Handbuch für Schauspieler u. Sänger. Kiel, R. Cordes. — ℳ 1,50.

Menaught, W. G. Hints on Choir Training for Competitions. (Reprinted, with additions, from „The School Music Review".) London, Novello. — 5°. 2 d.

Mistlor, A. Der kath. Kirchengesang in der Volksschule. Speier, Jäger. — 8°. ℳ 1.

Mitterer, Ignaz. Praktischer Leitfaden f. d. Unterricht im römischen Choralgesang. Regensburg, Coppenrath.

North, Alfred A. Voice production and singing. „Voxometric revelation". London, Granville House, Arundel St., Strand.

Rokitansky, Victor. Über Sänger und Singen. Wien u. Leipzig. Hartleben.

Sandberg, Axel. Eine natürl. u. vernünftige Tonbildungslehre. Köln, Selbstverlag (in Komm. bei Sauerwald). — 8°, 64 S. ℳ 1,50.

Schubert, F. L. Katechismus der Gesanglehre. 3. Aufl. m. Litteratur-Anhang, bearb. v. Carl Kipke. Leipzig, Merseburger. — 12°, IV — 124 S. ℳ 0,90.

Schultze-Strelitz, L. Sänger-Fibel. Elemente des Kunstgesanges. Hamburg, K. Fritzsche in Komm. — 8°, 27 S. ℳ 1.

Schultze-Strelitz, L. Über Gesangunterricht und Gesangmethoden. Hamburg, Selbstverlag. (Leipzig, K. Fritzsche in Komm.) — 8°, 40 S. ℳ 1.

Schultze-Strelitz, L. Kritische Skizzen über Gesangunterricht. Leipzig, Karl Fritzsche.

Stefanescu, G. Mecanismul Vocal. (Rumänischer Text.) Bucuresti, Libraria Centrala. — 4°, 65 S. Lei 3.

Strakosch, Maurice. Ten Commandments of Music for the perfection ... of the voice. Compiled and edited by M. Le Roy. Paris, by the editor, 35 Ave. Macmahon. — 8°. Doll. 1.

Velghe, A. Cours élémentaire de liturgie sacré, d'après le rit romain. 3e édition. Paris, Lethielleux. — 16°, XII — 388 S.

Veneroni, Pietro. Manuale per lo studio e la pratica della sacra liturgia. Vol. 1. Pavia, tip. dell'istituto Artigianelli. — 16°, VIII, 215 S. L. 1,50.

Vogel, Moritz. Über Pflege und Schonung der Kinderstimme. Klangfarbe und Vortrag. Leipzig, J. Klinkhardt. — 8°, 35 S. ℳ 0,40.

Wolff, Eugène. Der Niedergang des Bel-Canto und sein Wiederaufblühen durch rationelle Tonbildung. Leipzig, Junne. — 8°. VIII, 88 S. ℳ 2.

Besondere Musiklehre. Instrumente.
(Auch Instrumentenbau und Instrumentationslehre.)

Agricola, Martin. Musica Instrumentalis deudsch, I. u. 4. Ausgabe. Wittenberg 1528 und 1545. (Publikation älterer prakt. und theor. Musik-Werke, Jahrgang 24, Bd. 20.) Leipzig, Breitkopf & Härtel. — 8°, 295 S. ℳ 10.

Andersch, Thomas. Manuel par l'étude du piano. Méthode théorique. Paris, impr. P. Dupont. — 8°, 136 S.

Bagatella, Ant. Regeln zur Verfertigung von Violinen, Violen, Violoncellen und Violonen. 2. Aufl. Göttingen, Wunder. — 8°, 30 S. ℳ 1,50.

Die **Bedeutung** des Tastenlehrers, od. warum vielen das Klavierspielen so schwer wird. Düsseldorf, Friedrichstädt. Buchh. — gr. 8°, 8 S. ℳ 0,30.

Bielfeld, Aug. Die Formen in der Zithermusik. Tölz, Fiedler. — 8°. ℳ 0,50.

Blockley, J. The Pianist's Catechism. 157th Edit. London, Blockley. — 12°, 92 S. s. 1.

Carodus, J. T. Chats to violin Students on how to study the violin. New York, Scribner. — 12°. Doll. 1.

Clarke, J. Hamilton. The Study of the Orchestra. London, Rider & Son. — 8°, 140 S. 1 s. 6 d.

Conradsen, A. Om Klaveret, dets Pleie og Stemning. (Über das Klavier, seine Pflege u. Stimmung.) Kjöbenhavn, Andr. Schou. — 8°, 74 S.

Corrado, Achille. Il Violino: accenni storici, estetici, didattici. Napoli, tip. Giornale Diritto e Giurisprudenza. — 8°, 14 S. L. 2.

Craig, T. The Violin Family: The Violin, Viola, Violoncello and Double Bass. London, Smith. — 8°.

Ehrenfechter, C. A. Delivery in the art of Pianoforte playing. On rhythm, measure, phrasing, tempo. London, Reeves. — 8° s. 2.

Farrenc, L. Traité des abréviations (signes d'agrément et ornements) employés par les clavecinistes XVIIe et XVIIIe siècles. Paris, Leduc. — 4°, 28 S.

Foucher, G. Repairing, restoring, and adjustment of the Violin. London, W. 51, Mortimer Street. — 8°.

Gevaert, F. A. Novo Tratado de Instrumentação. Traducção portugueza de Julio Neuparth. (Publicação em fasciculos.) Lisboa, Neuparth & Ca.

Gosse, E. On Violin and Flute. London, Heinemann. — 8°, 224 S. 3 s. 6 d.

Hövker, Rob. Der Klavierunterricht nach den Forderungen d. modern-wissenschaftl. Pädagogik. Leipzig, M. Hesse. — 8°, IV, 43 S. ℳ 0,60.

Kling, H. General-Tabelle sämmtl. Sing-Stimmen und Musik-Instrumente, welche im modernen Orchester angewandt werden. Hannover, Oertel. — ℳ 0,50.

Kracke, Otto. Erläuterungen zur Klavier-Technik der Elementar- und Mittelstufen. Hamburg, J. Kriebel. — 8°, VI, 79 S. ℳ 1,50.

Locher, Carl. Erklärung der Orgel-Register u. ihrer Klangfarben. 2. Auflage. Bern, Nydegger & Baumgart. — 8°, 107 S. ℳ 3.

Lodge, E. A. The Brass Band at a Glance. Huddersfield, Lodge. — 8°.

Michelsen, G. A. Der Fingersatz beim Klavierspiel. Leipzig, Breitkopf & Härtel. — 8°, 48 S. ℳ 1.

Möller-Braunan. Beschreibung der Pedalgeige. Hamburg, Selbstverlag. — 8°.

Peschard, Albert. Etudes sur l'orgue électrique. (Extrait du Monde musical, avril-octobre 1896.) Paris, imprim. Larousse. — 8°, 40 S.

Piazza, Italo. Il flauto Giorgi. Napoli, tip. Aurelio Tocco. — 8°, 16 S.

Poznanski, J. B. Violine u. Bogen. Leipzig, Bosworth & Co. — Fol. 23 u. 43 S. ℳ 6.

Pujol, Juan Bta. Nuevo Mecanismo del Piano basado en principios naturales, seguido de dos Apéndices: De la digitación, de los pedales. (Doble texto castellano y francés.) Barcelona, Pujol y Ca. — 4°. ptas. 7.

7*

Ribakoff, Sergej. „Kuraj", baschkirsky mus. instrument. („Kuraj", ein musikal. Instrument der Baschkiren.) St. Petersburg, Russ. Musikzeitung.

Richter, E. F. Katechismus der Orgel. 4. Aufl. v. Hans Menzel. Leipzig, J. J. Weber. — 12°, X — 289 S. ℳ 3.

Riechers, A. Die Geige u. ihr Bau. (The Violin and the art of its construction.) 2. Aufl. Göttingen, Spielmeyer's Nachf. — 8°, 35 S. ℳ 2.

(Rubinstein, Anton.) Leitfaden zum richtigen Gebrauche des Pianoforte-Pedals. Mit Beispielen aus den histor. Conzerten v. —. Nach Buschorzeff von S. v. N. Leipzig, Bosworth & Co. — 8°, 44 S. ℳ 3.

Saint George, H. The violin bow. New York, Scribner. — 12°, 124 S. Doll. 1.

Schütze, Fr. Wilh. Handbuch zu der praktischen Orgelschule. 8. Aufl. Leipzig, J. Klinkhardt. — 8°, VI, 48 S. ℳ 2,40.

Schwedler, Maximilian. Katechismus der Flöte und des Flötenspiels. Leipzig, J. J. Weber. — 8°. ℳ 2,50.

Soldatini, A. Riflessioni e norme riguardanti l'insegnamento e lo studio del mandolino e della chitarra. Siena, tip. C. Nava. — 16°, 14 S.

Tavan, Émile. Méthode pratique d'orchestration symphonique. 2e Édition. Mantes-sur-Seine, impr. Beaumont frères. — 8°, 63 S. fr. 3,50.

Valdrighi, Luigi Francesco. Sincrono documento intorno al metodo per suonare il Phagotus d'Afranio. (Memorie della r. accademia di scienze, lettere ed arti in Modena. Serie II, Vol. XI.) Modena, tip. Soliani (1895).

Das Virgil-Technik-Klavier. Erläuterung. Berlin, A. K. Virgil.

Volti, Carl. Violin Catechism and Text Book. London, Blockley.

Weisshappel, Frdr. Die Vorteile der Janko-Claviatur und ihre unberechtigte Gegnerschaft. Wien, M. Trömel. — gr. 8°, 15 S. ℳ 0,40.

Werkenthin, Alb. Die Lehre vom Klavierspiel. Lehrstoff und Methode. 3 Bde. 2. (Titel-) Aufl. Berlin, C. Simon. — 8°. ℳ 7,50.

Zimmer, Fr. Taschenbuch f. angehende Violinspieler. (Vieweg's musikal. Taschen-Bibliothek No. 3.) Quedlinburg, Vieweg. — 8°, 57 S. ℳ 1.

Aesthetik. Belletristik. Kritik. Pädagogisches. Akustik. Physiologisches. Autorenrechte.

d'Acosta, P. Essai de Philologie musicale. Gand, Siffer. — 8°. fr. 3.

Bannard. La Musique sacrée, allocution... à l'occasion de l'inauguration des orgues en l'église de Notre-Dame d'Hazebrouck. Hazebrouck, impr. David. — 8°, 15 S.

Bertrand, Maxime. Du droit de représentation en France des œuvres dramatiques et musicales françaises. Paris, Giard et Brière. — 8°, 195 S. fr. 4.

Blashfield, E. H. Dramatic Music. (Scribner's Magazine, September Number.) London, Sampson Low.

Bower, Herbert M. A flying visit to Cremona. Ripon, W. Harrison. — 8°.

Brizzi, Jacopo. Per gli artisti drammatici che si recano all'estero. Bologna, tip. Faust. — 8°, 18 S. L. 0,50.

Brown, E. B. A Letter to Girls on Music. London, Simpkin. — 12°, 24 S. s. 1.

Catchpool, E. A Text-book of Sound. 2nd edit. London, Clive. — 8°, 212 S. 3 s. 6 d.

Chaminade, Eugène. La Musique sacrée telle que la veut l'Église. Paris, Lethielleux. - 8°.

Closson, Ernest. Le Musique et les Arts plastiques. Bruxelles, Schott. — 12°.

Cordero, N. Juan. Origen de sistema diatonico. Breves consideraciones filosoficas. Mexico, tip. de la Secretaria de Formento.

Corsini, G. Alfr. Della musica o delle sue utilità. Siracusa, tip. del Tamburro. — 16°, 15 S.

Dauriac, L. Etudes sur la psychologie du musicien. VI. Le Plaisir et l'Emotion musicale. (Revue philosophique, No. 7.) Paris, Alcan.

Ecarius-Sieber, A. Vorschläge zur zeitgemässen Reorganisation des Unterrichtes an den Akademien und Konservatorien f. Musik. Zürich, Th. Schröter. — 8°, 44 S. ℳ 0,60.

Ehrenfreund, T. Dory n. Edm. O. Ehrenfreund. Was ist uns Musik? Leipzig, Literar. Anstalt. A. Schulze. -- 8°, 68 S. ℳ 0,80.

Ellis, Albert. Phrenology and musical talent. Blackpool (England), „Human Nature" office, Kent Road. — 8°, 24 S. 6 d.

Erdmann, Heinr. Deutsche u. Hamburger Theaterzustände. 2 Vorträge. Hamburg, Herold's Verl. — 8°, V — 32 S. ℳ 0,50.

Felsing, Otto. Streifzüge durch die Theaterwelt. Dresdner Verlagsanstalt (V. W. Esche). — 8°.

Ferrara, Corrado. La musica dei vannialuri o gridatori di piazza notigiani: impressioni. Noto, tip. di Fr. Zammit. — 8°, 48 S.

Fierens-Gevaert, H. Essai sur l'art contemporain. (Bibliothèque de philosophie contemporaine.) Paris, Félix Alcan. — 12°. fr. 2,50.

Fowler, J. A. Music or the Language of Tone. (Phrenological Magazine, Sept., Oct. 1896.) London, 7 Imperial Arcade, Ludgate Circus.

Gandrey, A. Projet nouveau d'organisation d'un nouveau théâtre de musique. Paris, imprim. P. Dupont. — 8°, 27 S.

Gleitz, Karl. Künstler's Erdenwallen. Ein Lebensbild. Mit Musikbeilagen. Berlin, Grosscurth. — 8°, 80 S. ℳ 3.

Gouzet, Émile. L'Histoire musicale de la main. Paris, Fischbacher. — 12°, 350 S. fr. 3,50.

Hadden, J. Cuthbert. The Regulation of Street Music. (The Nineteenth Century, June 1896.) London, Sampson Low.

Hanslick, Ed. Vom Musikalisch-Schönen. 9. Aufl. Leipzig, J. A. Barth. — 8°, XI, 221 S. ℳ 3.

Harrison, Clifford. The Lute of Apollo: an Essay on Music. London, Innes & Co. 12°, 178 S. e. 5.

Hawels, H. R. Music and Morals. 7th Edition. London, Longmans & Co. — 8°. 7 s. 6 d.

Heim, Ernst. Die akustische Sängerbühne im Freien. Davos, Richter. — 8°, 12 S. ℳ 0,80.

Helmholtz, Herm. v. Die Lehre von den Tonempfindungen. 5. Ausg. Braunschweig, Vieweg & Sohn. — 8°, 675 S. ℳ 12.

Helmholtz, Herm. v. — On the Sensations of Tone. Translated by Alex. J. Ellis. Third English Edition. London, Longmans-Green & Co. — 8°.

Hennig, C. R. Die Aesthetik der Tonkunst. Leipzig, J. A. Barth. — 8°, VIII — 231 S. ℳ 4.

(Hermann, Rob.) Berliner Musik-Kritiker-Spiegel. Leipzig, Kommissionsverlag von Hofmeister. — 16°, 33 S. ℳ 0,50.

Hilpert, B. Die Besteuerung musikalischer Aufführungen in Elsass-Lothringen durch den Agenten der „Société des auteurs, compositeurs et éditeurs de musique" in Paris. Strassburg, Strassburger Druckerei u. Verlagsanstalt. — 8°, 63 S. ℳ 0,60.

Höhne, Heinr. Eine offene Antwort auf die Frage: Warum gute Konzerte in Riga so schwach besucht werden, und weshalb das hiesige öffentliche Musikleben so arg darnieder liegt. Riga, W. F. Häcker. — 8°.

Hubert, Jean. Des Réminiscences de quelques formes mélodiques particulières à certains maîtres. Paris, Fischbacher (1895). — 8°, 51 S.

Inferoff, S. Materialj po woprosu o wirabotne nowawo pologenia ob awtorskom musik. prawe. (Materialien zu den neuen Gesetzen über das Recht musikal. Autoren.) St. Petersburg, typ. d. Justiz-Ministerium.

Kirchenmusik. Unsere katholische — von heute. Eine krit. Studie. Wien, St. Norbertus. — 8°, 48 S. ℳ 0,90.

Leynardi, L. Il Bello e l'Arte. (Discorso letto nella R. Università di Genova addi 27 maggio 1896.) Genova, tip. ist. Sordomuti. — 8°, 30 S.

Meerens, Charles. A propos de la Mélopée antique dans le chant de l'église latine par Fr. Aug. Gevaërt. (La Fédération artistique, 3 novembre.) Bruxelles, Katto.

Der Nutzen und die Zulässigkeit des kath. Volksgesanges in deutscher Sprache beim Gottesdienste. Von einem Geistlichen. Osnabrück, B. Wehberg. — 8°, 37 S.

Parry, C. H. H. The Evolution of the Art of Music. (Vol. LXXX of „The International Scientific Series".) London, Kengan Paul-Trübner. — 8°, 352 S. s. 5.

Patrizi, M. L. Primi esperimenti intorno all' influenza della musica sulla circolazione del sangue nel cervello dell' uomo. Torino, Bocca. — 8°.

Perraud, le Cardinal —. Eurythmie et Harmonie. Commentaire d'une page de Platon. Paris, libr. Téqui. — 18°, VI — 97 S.

Pohle, Hugo. D. Pollini. Eine Beleuchtungsprobe u. culturhistorische Skizze. Hamburg, Selbstverlag (Leipzig, Fischer.) — 8°, 74 S. ℳ 1.

Pole, W. The Philosophy of Music. 4th edition revised. (English and Foreign Philosophical Library.) London, K. Paul-Trübner & Co. — 8°.

Polko, Elise. Musikalische Märchen, Phantasien u. Skizzen. Neue durchgesch. Ausg. in 2 Bdn. Leipzig, J. A. Barth. — 12°. 1. Bd.: 23. Aufl. VI, 470 S. 2. Bd.: 13. Aufl. VI, 458 S. ℳ 12.

Prüfer, Arthur. Die gegenwärtigen Aufgaben der Musikgeschichte. Vortrag. (Aus „Musikal. Wochenblatt".) Leipzig, Fock. — 8°, 20 S. ℳ 0,30.

Reinecke, Carl. Ratschläge und Winke für die musikalische Jugend. Leipzig, J. H. Zimmermann. — 8°, 18 S. ℳ 0,60.

Richter, C. Heinrich. Gedanken über das Punctum Saliens im Musikleben, -Lehren und -Schaffen. Zürich, Hug & Co. — 8°, 22 S. ℳ 0,80.

Riemann, Ludwig. Populäre Darstellung der Akustik in Beziehung zu Musik. Braunschweig, Vieweg. — 8°. VIII, 157 S. ℳ 3.

Ritter, Herm. Etwas weniger Musik! (Volksschriften zur Umwälzung der Geister, XI. Heft.) Bamberg, Handelsdruckerei. — 16°, 80 S. ℳ 0,20.

Robert, Gustave. Études critiques sur les concerts. Paris, Fischbacher. — 8°.

Roberti, Giov. Lettura musicale e canto nelle scuole elem. e normali d'Italia. 3a ediz. Torino, Paravia & Co. — 8°.

Rothenberger, Julie. Rätsel u. Erzählungen musikal. Inhalts. Köln, vom Ende. — 8°. ℳ 1,50.

Scalinger, G. M. Aesthesis. Napoli, Fortunio (1895). — 16°, 321 S. Lire 3.

Stainer, J. A few words to Candidates for the degree of Mus. Bac., Oxon. London, Novello. — 8°. d. 6.

Stratt, J. W. The Theory of Sound. Vol. II. 2nd edit. rev. and enlarged. London, Macmillian. — 8°, 520 S. s. 12.

Sylvain. Critique musicale. Les Lutrins de nos églises. Vanves, Lafolye. — 8°, 57 S.

Taylor, S. Sound and Music. 3rd. Edit. London, Macmillan. — 8°, 236 S. 8 s. 6 d.

Ursini-Scuderi, S. Musicometro. Letture scientifiche esposte alla sala Dante in Roma nel nov. del 1895. 2a ediz. Roma, Modes e Mendel. 2 Vol. — 8°, S. 58 u. S. 85. L. 3.

Villanis, L. A. Come si sente e come si dovrebbe sentire la musica. Torino, Lattes. — 8°. L. 1.

Waldapfel, Otto. Philosophie u. Technik der Musik auf Grundlage der griechischen Skriptoren als Fortsetzung d. Schrift „Über das Idealschöne in der Musik." Dresden, R. Petzold in Komm. — 8°, 64 S. ℳ 1,50.

Widmann, Benedict. Die Erziehung für die Tonkunst. Leipzig, Merseburger. — 8°.

(Willy.) Notes sans Portées par l'Ouvreuse du Cirque d'Été [par Willy]. Paris, Flammarion. — 18°, 277 S.